ジオパーク秩父 公式ガイドブック

秩父に息づく
大地の記憶

秩父まるごとジオパーク推進協議会

さきたま出版会

ジオパーク秩父で３億年タイムトラベル

ジオパーク秩父は、地球の大いなる営みの中で、日本列島の土台となる岩石が誕生した時代から現在の大地が形成されるまでの約３億年の形跡をたどることができる場所です。

ジオパークは「地球・大地（Geo）の公園（Park）」ともいわれますが、地質や地形を観察するだけの場所ではありません。地球の生い立ちや列島誕生の物語を読み解きながら、大地の成り立ちが、そこにある自然や人々の歴史、文化、産業、そして暮らしの形と深く結びついていることを知ることで、新たな秩父を発見することができるのです。

平成23年（2011）、秩父地域は「ジオパーク秩父」として日本ジオパークの認定を受けました。以来、秩父まるごとジオパーク推進協議会を中心として、大地の謎を紐解く探求の楽しさを地域内外へ広くお伝えしながら、地域の宝ともいえる地球遺産を保全する取り組みを進めてきました。

近年、ジオパークが秩父地域に訪れるきっかけのひとつとして認知されるようになり、また地域の方が地元秩父をより深く学ぶことができる取り組みとしても注目されていますが、もっともっと多くの皆様にジオパーク秩父の魅力を知っていただきたいとの思いから、このたび、公式ガイドブックを発行することとなりました。

本書を手に、「ジオパーク秩父」へどうぞおでかけください。お楽しみいただくことを心から願っております。秩父でお会いしましょう。

秩父まるごとジオパーク推進協議会

ジオパーク秩父 公式ガイドブック

秩父に息づく 大地の記憶

目 次

ジオパーク秩父で３億年タイムトラベル …… 3

ジオパーク秩父へ ようこそ …… 6

第１部 秩父に刻まれた「大地の物語」

日本列島と秩父の大地の成り立ちを知ろう！ …… 10

「大地の物語」を読み解く４つのキーワード …… 12

Ⅰ 日本地質学発祥の地

秩父で迎えた日本の近代地質学の夜明け …… 13

秩父の大地ができるまで ～大洋の時代から大陸の時代へ～ …… 16

秩父に古くから伝わる石の呼び名 …… 20

「放散虫革命」によって若返った「秩父古生層」 …… 21

Ⅱ 秩父の大地に眠る 太古の海の物語

埼玉の奇獣「パレオパラドキシア」 …… 22

日本列島の誕生と「古秩父湾」の移り変わり …… 24

海の記憶を残す地層や岩石 …… 26

「古秩父湾」を彷彿させる絶景 感動！ 「秩父雲海」 …… 28

海なし県埼玉の秩父で発見!? 新種の「チチブクジラ」 …… 30

Ⅲ 時代を超えた人々の聖地

観音様が守ってくれているジオサイト …… 31

秩父神社、つなぎの龍の伝説と地蔵川 …… 33

修験道の聖地、三峯神社 …… 35

ヤマトタケルも登った山、宝登山 …… 36

Ⅳ 大地の営みと共に生きる

荒川がつくった秩父の街並み …… 37

地形がつくった産業とお祭りの形 …… 39

田んぼが少ない秩父、「嫁に行くなら○○」？ …… 41

険しい地形に残ったカエデの恵み …… 44

秩父の大地を体感できるアクティビティが登場！ …… 45

江戸時代の発明家、平賀源内のチャレンジ …… 46

第2部「秩父の大地」を巡る

ジオパーク秩父 全域マップ …… 48

秩父・横瀬エリア MAP …… 50
❶ 出牛-黒谷断層・和銅遺跡 …… 52
❷ 札所4番金昌寺の礫岩層と石仏群 …… 54
❸ 札所19番龍石寺の角礫質砂岩 …… 56
❹ 宮地の低位段丘と妙見七つ井戸 …… 58
❺ 羊山公園（中位段丘） …… 60
❻ 秩父ミューズパーク展望台（高位段丘） …… 62
❼ 札所28番橋立堂の石灰岩体と橋立鍾乳洞 …… 64
❽ 新田橋の礫岩露頭 …… 66
■秩父神社 柞の森 …… 68
■秩父農工高等学校跡（西武秩父駅） …… 69
■寺坂棚田・寺坂遺跡 …… 70
■丸山山頂展望台 …… 71
■秩父市役所と秩父市歴史文化伝承館 …… 72
■秩父観光情報館 …… 73
■横瀬町歴史民俗資料館 …… 73

荒川・大滝エリア MAP …… 74
❾ 若御子断層洞 …… 76
❿ 安谷川マンガン採掘坑 …… 78
⓫ 明ヶ指のたまご水と大カツラ …… 80
⓬ 大達原の石灰岩岩壁と手掘トンネル …… 82
⓭ 神庭洞窟（神庭鍾乳洞を含む） …… 84
⓮ 秩父トーナル岩と鉱山跡 …… 86
■三峯神社 ■栃本の関所 …… 88
■中津峡の紅葉 …… 90
■大山沢のシオジ林 ■浦山ダム …… 92
■三峰口の白川橋 …… 94
■山里自然館 ■浦山ダム防災資料館「うららぴあ」 …… 96
■大滝歴史民俗資料館
■三峰ビジターセンター ■埼玉県森林科学館 …… 98
「郷土学」としてのジオパーク秩父 …… 99

長瀞・皆野エリア MAP …… 100
⓯ 高砂橋下流の雁行脈 …… 102
⓰ 蓬莱島 …… 104
⓱ 岩畳と秩父赤壁 …… 106
⓲ 虎岩 …… 108
⓳ 紅簾石片岩とポットホール …… 110
⓴ 栗谷瀬橋の蛇紋岩 …… 112
㉑ 前原の不整合 …… 114
㉒ 札所34番水潜寺の石灰岩体 …… 116
㉓ 秩父華厳の滝のメランジュ …… 118
■野上下郷石塔婆（石材採掘遺跡を含む） …… 119
■寛保洪水位磨崖標 …… 120
■井戸破崩と明治の旧道 …… 121
■秩父鉄道荒川橋梁 …… 122
■美の山展望台 …… 123
■宝登山山頂展望台 ■破風山山頂の展望 …… 124
■埼玉県立自然の博物館 …… 126
■長瀞町郷土資料館 …… 127
■美の山インフォメーションセンター …… 127

吉田・小鹿野・両神エリア MAP …… 128
㉔ 子ノ神の滝 …… 130
㉕ 白砂公園の白沙砂岩層 …… 132
㉖ 取方の大露頭 …… 134
㉗ 藤六の海底地すべり跡 …… 136
㉘ ようばけ …… 138
㉙ 札所32番法性寺のお船岩とタフォニ …… 140
㉚ 札所31番観音院と岩殿沢石 …… 142
㉛ 犬木の不整合 …… 144
㉜ 皆本沢の礫岩 …… 146
㉝ 二子山の石灰岩岩壁 …… 148
㉞ 丸神の滝 …… 150
■旧寿旅館（小鹿野町観光交流館） …… 152
■毘沙門水 …… 153
■堂上のセツブンソウ自生地 …… 154
■四季の道 小鹿野展望台 …… 155
■志賀坂峠 …… 156
■おがの化石館 ■倉尾ふるさと館 …… 157

「ジオパーク秩父」を楽しむモデルコース …… 158
用語解説・索引 …… 162　参考文献 …… 167

❶-㉞ ジオサイト　■文化・歴史サイト　■生態サイト　■眺望サイト　■拠点施設

ジオパーク秩父へ　ようこそ

都心に直結した「地球の箱庭」秩父

埼玉県西部に位置する秩父地域は、都心から約60～80km圏内にあり、アクセスのよい観光地として年間を通じて多くの観光客が訪れます。雄大な自然、四季折々の花々、年間400あるともいわれる祭り、歴史ある名所の数々が人々を惹き付ける土地です。

荒川の源流を有する山々に囲まれ、秩父盆地内を中心に古くから市街地が形成されており、江戸時代からの織物産業、大正時代からのセメント産業などで街としての発展を遂げ、長い歴史の中で培われた独自の文化が今も色濃く残っています。

秩父地域の地質学的特徴は、そのたぐいまれな多様性であるといわれます。秩父の名が付いている約2億年～約1.5億年前の地質帯「秩父帯」をはじめ、「四万十帯」、「三波川帯」など日本列島の骨格を構成する主な岩石・地層などを観察することができます。

また、平成28年（2016）に国の天然記念物になった「古秩父湾」の地層の露頭や化石群は、日本

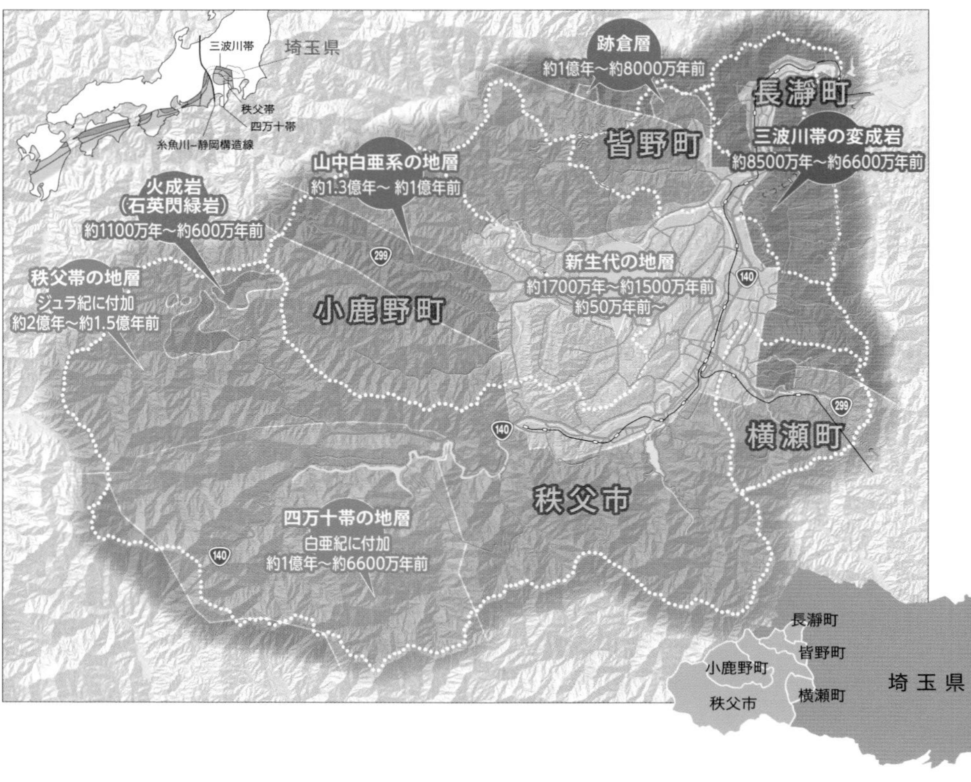

列島が誕生した約1700万年〜約1500万年前、この地に海があったことを証明しています。
　さらに、かつて日本有数の鉱山であった秩父鉱山の鉱床形成の時代や、荒川の侵食と大地の隆起によって現在の地形がつくられた時代など、さまざまな時代における大地の成り立ちの歴史を学ぶと、地球の息吹を感じることができるのです。
　秩父市街地に近い秩父ミューズパークの展望台からは、秩父盆地の東側と周辺の山々が見渡せます。「秩父帯」の硬い岩石からなる武甲山を中心とする険しい山々と、「三波川帯」のもろく剥がれやすい変成岩で構成されるなだらかな外秩父の山々との山容の違いや、10段以上にも分けられる盆地内の段丘地形などが一望できます。
　秩父は森林が約84％を占める自然豊かな地域で、気候は内陸性のため寒暖の差が大きく、四季の変化が明瞭です。特に冬の冷え込みは強く、谷間では巨大な氷柱（つらら）が見られます。雨量は全国平均に比べて少ないものの、夏の雷雨や秋の台風では豪雨になることもあります。また、特に春・秋には放射霧による濃霧の発生が多く、雲海が見られます。
　歴史的・文化的資源も多様で、旧石器〜戦国時代の遺跡、古墳群、和銅遺跡、秩父往還、秩父三社、秩父札所三十四ヶ所観音霊場、秩父事件関連史跡、そして秩父夜祭を代表とする数多くの祭礼行事など、独自の文化圏を形成しています。
　長い時を経て今の形になった秩父の大地に抱かれて、雄大な自然の中で人々が築いてきた独自の歴史、文化、暮らしの形は、秩父地域をより一層彩り豊かなものにしています。

「ジオパーク」で解き明かす、大地・生態系・生活のつながり

　「ジオパーク」という言葉は、「地球・大地（ジオ：Geo）」と「公園（パーク：Park）」とを組み合わせた造語です。ユネスコの正式プログラムであるジオパークは、世界中で取り組みの輪が広がっており、国内には世界ジオパーク、日本ジオパークのそれぞれが存在しています。
　日本ジオパークの1つである「ジオパーク秩父」は、1市4町（秩父市、横瀬町、皆野町、長瀞町、小鹿野町）全体がそのエリアです。埼玉県の面積の約1/4（約892.62km^2）の中に見どころが点在しており、大地の物語ともいえる「ジオストーリー」や、さまざまなテーマ・目的に基づいて「ジオサイト」などを巡って楽しむことができます。

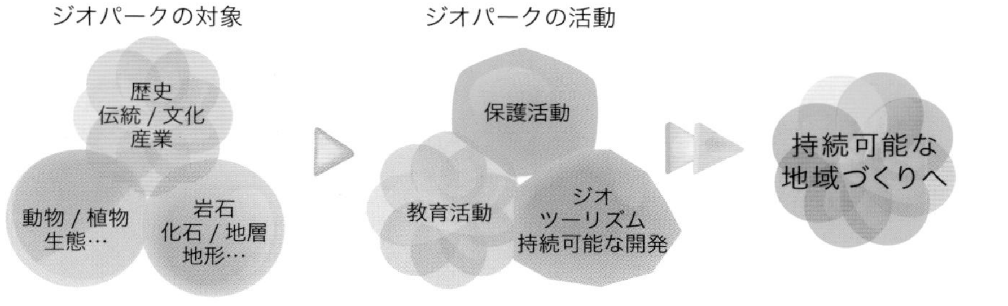

　ジオパークは、地質学的に価値のあるサイト（場所）や景観が、保全、教育、持続可能な開発など総合的なアプローチで管理運営されている1つのまとまった地域を指します。ジオパークで行

われる保護・教育活動、持続可能な観光（サステイナブルツーリズム）などの取り組みは、将来にわたって地球遺産を守り活かしながら、地域を活性化させていく推進力を生み出します。

大地（ジオ）の上に広がる、動植物や生態系（エコ）の中で、私たち人（ヒト）は生活し、文化や産業などを築き、歴史を育んでいます。ジオパークでは、これらの「ジオ」「エコ」「ヒト」の3つの要素のつながりを楽しく知ることができます。

たとえば、山や川をよく見て、その成り立ちと仕組みに気付くと、今まで漠然と眺めていた景色が変わって見えてきます。またその景色が、何千万年、何億年という途方もない年月をかけてつくられてきたことを知れば、私たち人の暮らしは地球の活動なしには存在しえないこともわかります。

地球の悠久の歴史の中で育まれてきた、その地域固有の価値と魅力を広く伝えていく世界的な取り組み、それがジオパークです。

ジオパーク秩父が目指す姿

世界中に多種多様なジオパークがありますが、全てのジオパーク活動の根幹にあるのは、「地球の記憶」ともいえる大地の遺産を守り、活かしながら、その地域の未来をつないでいくという理念です。

ジオパーク秩父の理念は、秩父伝統の織物「秩父銘仙」に例えることができます。魅力的な柄に型染めをされた経糸（たていと）は、私たちが世代を超えて守り、伝えていきたい宝物のような、大地の成り立ちを記憶する地球遺産です。経糸を織り上げていく緯糸（よこいと）には、人々の学びと探求心、独自の文化と伝統、幅広い交流、自然や大地そのものを守る取り組み、誰もが活躍できる社会の形など、さまざまな糸を使っていきます。

糸は、それだけでは切れてしまったり、絡まってしまったり、美しさや価値がわかりづらいものです。経糸と緯糸は、行政や民間といった枠組みを超えた、地域に生きる私たちが、技をふるい、心を合わせて織り上げていきます。そうしてできた織物は、とても丈夫でたぐいまれなる輝きを放ち、いつの時代も多くの人の心を捉える世界に1つだけの作品となります。

色とりどりの糸が織りなす絹織物のようなジオパーク秩父は、悠久の記憶を今に伝える秩父の姿そのものです。

第1部

秩父に刻まれた「大地の物語」

日本列島と秩父の大地の成り立ちを知ろう！

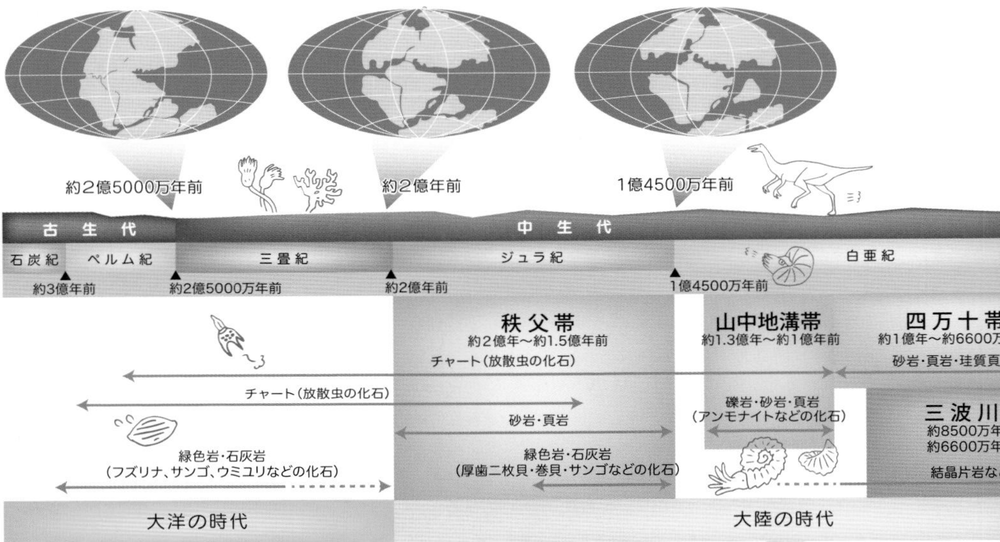

列島の土台の中に含まれる岩石が形成される
（約3億年~約2億年前）

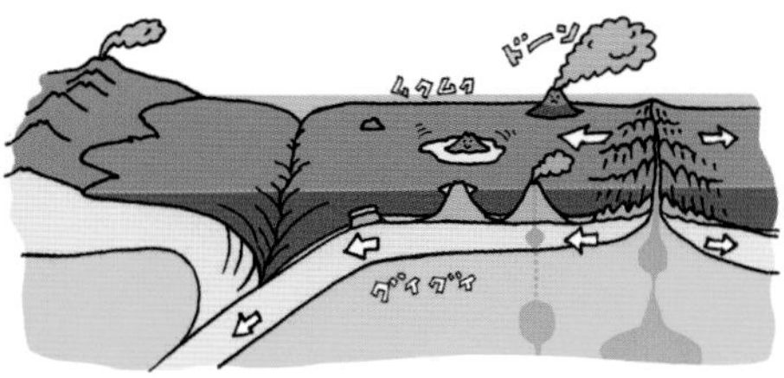

日本列島はまだ形もなく、いずれ列島の基盤を形作っていく岩石が大洋で生まれた時代です。海底火山（玄武岩）は、熱水によって変化して緑色岩になり、火山島の周りの浅海に栄えたサンゴや二枚貝などの遺骸は石灰岩に、海底には放散虫という微生物の遺骸が積もり、チャートという岩石になります。

札所28番橋立堂の石灰岩体と橋立鍾乳洞 →P.64
大達原の石灰岩岩壁と手掘トンネル →P.82
秩父華厳の滝のメランジュ →P.118
二子山の石灰岩岩壁 →P.148

大陸縁辺で日本列島の土台が形成される
（約2億年~約2500万年前）

大洋で生まれた岩石は、海洋プレートに乗って運ばれていき、海溝で沈み込む海洋プレートから剥がされ、大陸から流れ込んだ泥・砂とともに大陸プレートに押し付けられて「付加体」を形成します。ジュラ紀には「秩父帯」、白亜紀には「四万十帯」をつくり、また秩父帯の下に潜り込んで地下の強い圧力を受けた岩石が「三波川帯」の変成岩になり、秩父帯の上の浅海には「山中地溝帯」の泥・砂・礫が積もります。

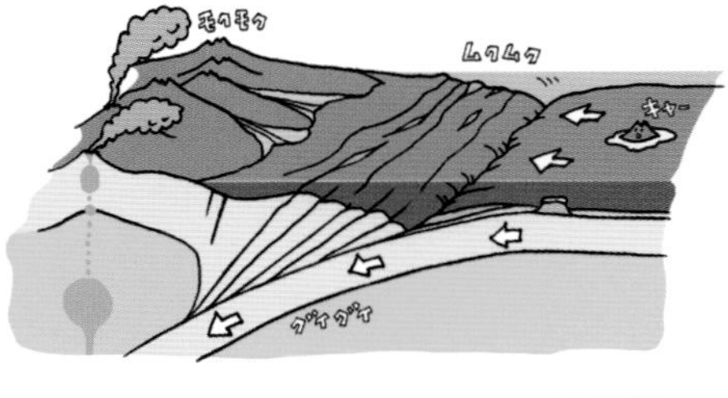

札所4番金昌寺の礫岩層と石仏群 →P.54
蓬莱島 →P.104　岩畳と秩父赤壁 →P.106
虎岩 →P108　紅簾石片岩とポットホール →P.110
栗谷瀬橋の蛇紋岩 →P.112　皆本沢の礫岩 →P.146

ジオパーク秩父の大地の成り立ちは、「大洋の時代」、「大陸の時代」、「古秩父湾の時代」、「列島の時代」の大きく4つに分けることができます。
地球の大きな営みの上で、日本列島の誕生とともにあった大地の成り立ちの歴史に触れてみましょう！

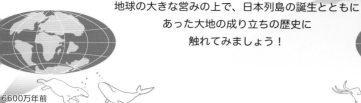

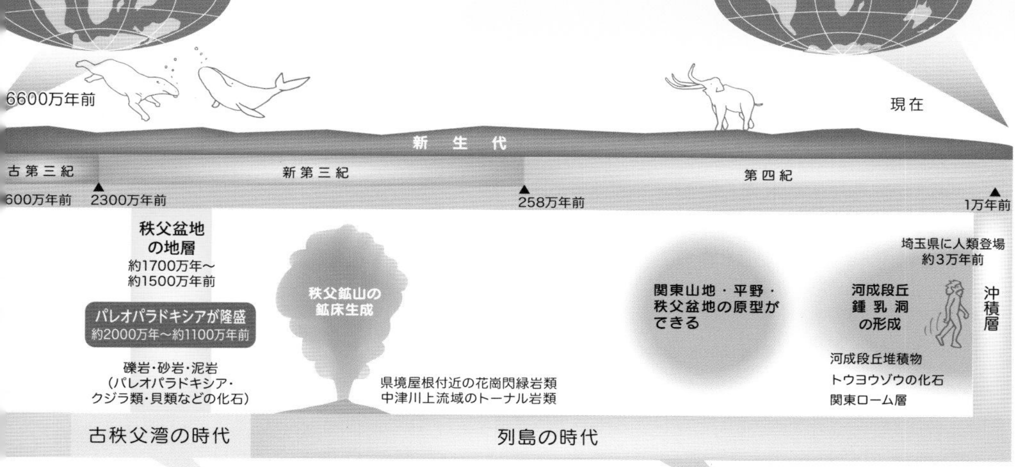

日本海が拡大し日本列島の原型が形成される
(約2500万年~約1000万年前)

海溝に海洋プレートが沈み込むにつれ、大陸の東縁部の地下からマグマが上昇し、沿岸の地殻が引き延ばされていきます。次第に縁辺が大陸から離れ、その間に日本海ができました。日本列島の誕生です。後の東北日本、西南日本となる島々が観音開きのように広がり、約1500万年前に現在の位置にたどりつきます。そのころ、現在の秩父盆地周辺では「古秩父湾」と呼ばれる海が広がっていました。

新田橋の礫岩露頭 →P.66　前原の不整合 →P.114
取方の大露頭 →P.134
藤六の海底地すべり跡 →P.136　ようばけ →P.138
犬木の不整合 →P.144

山や平野が形成される
(約1000万年前~現在)

日本列島の地形が形成される時代です。約300万年前に列島を東西に圧縮する力が働き、関東山地が高くなり、河川は山を削って渓谷をつくります。秩父盆地では、古秩父湾の時代に堆積した地層を荒川が削って河成段丘ができました。また、九州から中部地方の活発な火山活動によって火山灰が広範囲に堆積し、関東ローム層が形成されます。

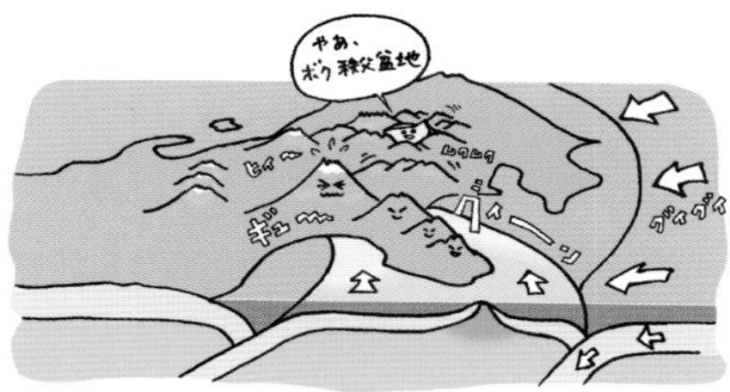

羊山公園(中位段丘) →P.60
秩父ミューズパーク展望台(高位段丘) →P.62
秩父トーナル岩と鉱山跡 →P.86
三峰口の白川橋 →P.94　美の山展望台 →P.123

「大地の物語」を読み解く4つのキーワード

「大地の物語」(ジオストーリー)は、ジオパーク秩父の見どころや関連する要素から構成された4つの柱でできています。「大地の物語」を読み解き、ジオパーク秩父への旅に出かけましょう!

Ⅰ 日本地質学発祥の地

明治時代、日本の近代地質学の夜明けから、秩父地方には数多くの学者や学生たちが訪れました。「地球の窓」といわれる長瀞の岩畳をはじめ、宮沢賢治やナウマン博士が足跡を残したジオサイトを巡り、秩父の大地が教えてくれる地球の成り立ちを探ってみましょう!

「日本地質学発祥の地」の碑

Ⅱ 秩父の大地に眠る 太古の海の物語

千数百万年前、今の秩父盆地には海が広がっていました。その記憶を刻んだ地層の見える6つの崖と、当時生息した「パレオパラドキシア」など海獣の化石群は、「古秩父湾堆積層及び海棲哺乳類化石群」として、国の天然記念物になっています。海だった時代の秩父へタイムスリップ!

秩父雲海

Ⅲ 時代を超えた人々の聖地

秩父は、古くから多くの人々の信仰を集めてきた地。秩父三社や秩父札所観音霊場などに代表される寺社には、人々が特異な地形に神秘を感じ、大切に守り伝えてきた特別な場所が数多くあります。人々の信仰と大地とのつながりを感じるジオサイトを巡る心の旅に出かけましょう。

札所4番金昌寺の慈母観音

Ⅳ 大地の営みと共に生きる

いつの時代も、この地に活力を生んできたのは、大地の恵みを受けて発展した産業や色とりどりの文化です。絹織物が彩る秩父夜祭の歴史も、平賀源内が魅せられた鉱石の輝きも、秩父名物のお蕎麦も、実はジオと結びついていました。ジオパークだからこそ出会える驚きがあります。

秩父夜祭

Ⅰ 日本地質学発祥の地

明治時代、日本の近代地質学の夜明けから、秩父ではその先駆けとなるさまざまな研究が行われてきました。「地球の窓」と呼ばれる長瀞の岩畳を代表として、日本列島形成における重要な地質現象を観察できる場所として、東京からほど近い秩父へと、著名な研究者から学生まで多くの人々が訪れました。

ここでは、ジオパーク秩父を「日本地質学発祥の地」として語りながら、深く関わりがあるジオサイトや拠点を巡り、かの宮沢賢治やナウマン博士に思いを馳せて、秩父の大地が教えてくれる地球の成り立ちを探ってみましょう。

第3回汎太平洋学術会議における秩父巡検（岩畳にて）

秩父で迎えた日本の近代地質学の夜明け

「日本地質学の父」ナウマン博士が秩父の地へ

明治時代になると、日本に訪れた近代化の潮流のなか、政府によって地下資源開発を目的とした全国的な地質調査が始まりました。明治8年（1875）、「ナウマンゾウ」を最初に研究したことで有名なドイツの地質学者ナウマン博士が政府により招聘され、明治10年（1877）には東京帝国大学の初代地質学教授となりました。

ナウマンは着任の翌年、さっそく秩父を訪れています。このときは秩父から長野・山梨・神奈川県へ至る調査であり、三峰口の贄川（にえがわ）宿、三峯神社にも泊まったと伝えられています。

その後、ナウマンの一番弟子である小藤文次郎（ことうぶんじろう）は世界で初めて紅簾石片岩（こうれんせきへんがん）を報告（1887）、大塚専一は「秩父古生層」、「秩父盆地」を命名（1887）、原田豊吉は「山中地溝帯」を命名（1890）するなど、著名な研究者たちが続々と秩父の地から全国の地質研究に大きな影響を及ぼしています。

ハインリッヒ・エドムント・ナウマン
（1854～1927）

渋沢栄一も後押しした秩父への鉄道延伸

東京帝国大学教授であった神保小虎（じんぼうことら）は、明治34年（1901）、「秩父にある美しき岩の皺と断層」の冒頭で、「長瀞は我が国の地質学者が一生に必ず一度は行きて見るべき」と記しています。その他にも多くの研究者によって秩父地域の地質研究や報告がなされ、明治から大正時代にかけて秩父地域は多くの地質研究者、そして学生たちが巡検に訪れる地となるのです。

明治44年（1911）には上武鉄道（現在の秩父鉄道）が金崎（親鼻駅対岸付近にあった駅）まで、大正3年（1914）には秩父（当時の駅名は「大宮」）まで延伸され、鉄道で東京から熊谷を経由して秩父地域へアクセスすることが可能になりました。

埼玉県深谷市出身の経済人・渋沢栄一は、この延伸事業を支援したほか、秩父のセメント事業なども手がけ、地域の発展に大きな貢献をしています。鉄道の延伸以降、地質巡検だけでなく、景勝地として観光開発も行われ、多くの観光客が訪れるようになります。

大正3年（1914）開業間近の旧秩父駅構内　画像提供:秩父鉄道（株）

ちなみに、かの宮沢賢治も、大正5年（1916）、当時在学していた盛岡高等農林学校の授業の一環で、秩父巡検に訪れ、数々の歌を詠んでいます。その代表的な作品は、虎岩やようばけ近くにある歌碑にもなっています。今はジオサイトとなっている地質の名所の多くに立ち寄っていることから、宮沢賢治の青春時代の足跡をたどるのもジオパーク秩父の楽しみの1つです。

ようばけと歌碑

ジオパーク秩父のガイドブックの元祖？「秩父鑛物（こうぶつ）植物標本陳列所目録」

さらに大正10年（1921）、長瀞を訪れる人に岩石標本などを見せる施設として、神保小虎らの学術支援のもと、上武鉄道が「秩父鑛物植物標本陳列所」を開設しました。その際に発行された目録では、地質の見どころについて解説が書かれていますが、日帰り、泊まり別にモデルコースも紹介されています。まさに、ジオパーク秩父のガイドブックの元祖といえるものです。

その後、秩父の魅力が世界に知られる機会が訪れます。大正15年（1926）、東京で行われた「第３回汎太平洋学術会議」におけるエクスカーション（見学会）として、国内外の研究者が秩父を訪れました（P.13写真参照）。これを機に、秩父・長瀞地域の地質や陳列所の存在が広く世界に知られていくことになります。

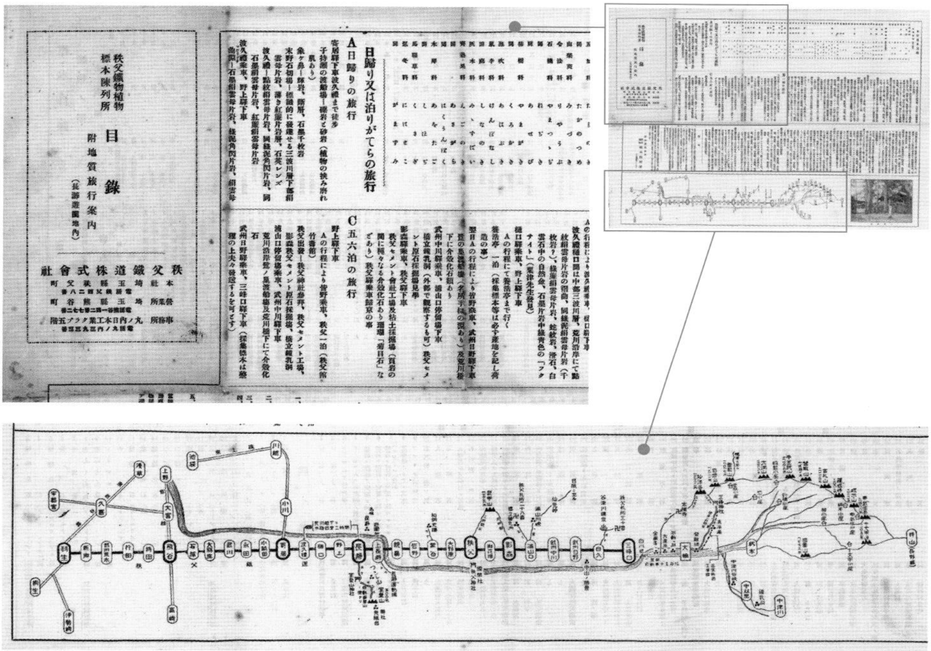

秩父鑛物植物
標本陳列所
目録
附地質旅行案内
（長瀞遊園地內）
秩父鐵道株式會社
本社 埼玉縣秩父町 電話秩父二八番
營業所 埼玉縣熊谷町 電話熊谷一番二七二番
事務所 丸ノ内日本工業クラブ五階 電話丸ノ内三九三三番

日歸り又は泊りがてらの旅行

A日歸りの旅行

寄居驛下車波久禮まで徒歩
子持瀬の渡船場ー礫岩と砂岩（植物の挟み潰れ跡あり）
象ヶ鼻ー輝岩、断層、石墨千枚岩
末野石切場ー模範的に發達せる三波川層下部絹雲母片岩、薄き紅簾片岩層、石英レンズ
波久禮ー點紋絹雲母片岩、綠泥角閃片岩、綱石墨絹雲母片岩、紅簾絹雲母片岩
波久禮乘車、野上驛下車
樋口ー石墨絹雲母片岩、綠泥角閃片岩、絹雲母

C五六泊の旅行

野上驛下車
Aの行程により皆野乘車、秩父一泊（秩父館竹壽館）
秩父出發ー秩父神社參拜、秩父セメント工場、影森秩父セメント原石採掘場、橋立鍾乳洞
浦山口停留場乘車、武州中川驛下車
荒川沿岸鷲ノ巣渡船場及荒川橋下にて介殼化石
武州日野驛乘車、三峰口驛下車（採集標本は整理の上夫々發送するを可とす）

「秩父鑛物植物標本陳列所目録」

約100年の自然科学研究の歴史を担う拠点へ

陳列所は戦後に一時衰退しましたが、昭和24年（1949）、東京教育大学教授であった藤本治義（はるよし）の学術協力のもとに秩父鉄道が「秩父自然科学博物館」を開設し、地域の自然科学の拠点を担う施設へと発展を遂げました。そして、昭和56年（1981）には埼玉県によって県立自然史博物館（現・埼玉県立自然の博物館）が完成。前身の施設を含めると約100年もの長きにわたる歴史を持つ秩父地域の自然科学研究の中心地として、そしてジオパーク秩父の拠点施設として、現在もその重要な役割を担っています。

秩父鑛物植物標本陳列所

秩父自然科学博物館に訪れた人々

※当ページの画像提供:埼玉県立自然の博物館

秩父の大地ができるまで ～大洋の時代から大陸の時代へ～

数億年前の岩石が語る、大洋の記憶

秩父山地を形作っている秩父帯や四万十帯と呼ばれる岩石には、古生代石炭紀末期から中生代ジュラ紀末期（約3億年～約1億4500万年前）にかけて遠く南洋で噴出した海底火山や火山島の火山噴出物（緑色岩）、サンゴ礁を形成した生物の堆積物（石灰岩）、海洋に浮遊・遊泳した生物の殻や骨格が海底に堆積したもの（チャート）などが含まれています。これらは、海洋プレートに乗って気の遠くなるほど長い時間をかけて大陸側に移動し、海溝で陸地から流れ込んだ土砂と混じりながら、大陸プレートに押し付けられたものです。

大洋の時代の記憶を持つ秩父地域の代表的な岩石と山

石灰岩

石灰岩は、サンゴやフズリナ（紡錘虫）などの炭酸カルシウムの殻や骨格を持つ生物の死骸が海底に堆積してできた岩石です。秩父地域最古の化石は、小鹿野町日尾の長久保から産出した約3.2億年前（古生代石炭紀前期）のサンゴの化石です。

小鹿野町の群馬県境に切り立った「二子山」は約3.1億年～約2.8億年前（古生代石炭紀後期～ペルム紀中期）のフズリナやウミユリの化石が多く含まれています。

二子山

武甲山ってどうやってできたの？

①南の海で海底火山が噴火を繰り返し、火山島に成長（海洋プレートに乗って移動）。
②火山活動がおさまり、上部にサンゴ礁を形成（海洋プレートに乗って移動）。
③サンゴ礁は石灰岩となり、陸のプレートと接触。

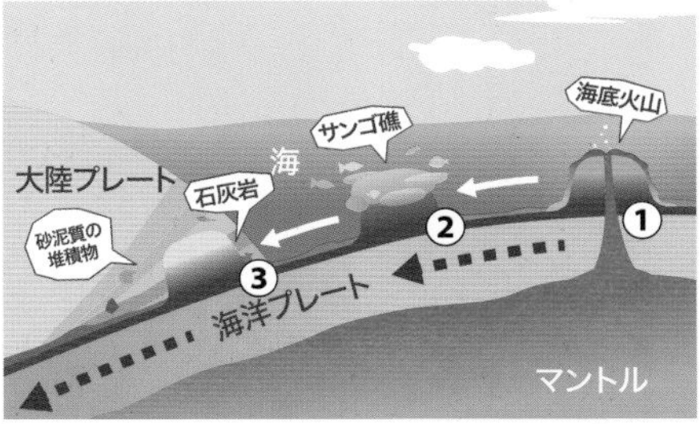

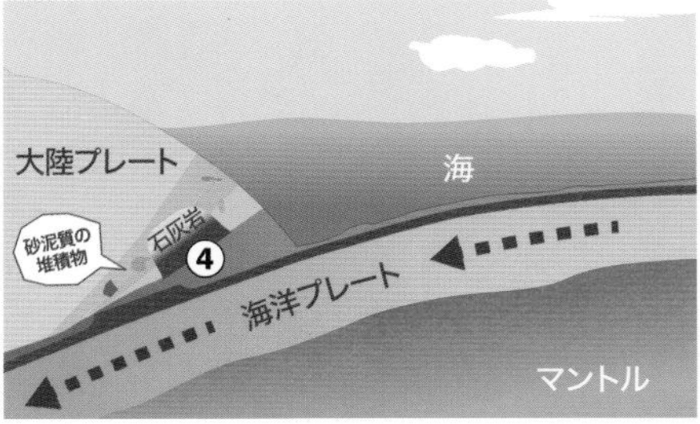

石灰岩採掘が行われている秩父を象徴する山「武甲山」では、石灰岩中からコノドントといわれる原始的な魚類の歯の化石、山頂付近の石灰岩の下から二枚貝の化石が発見されており、約2.5億年〜約２億年前（中生代三畳紀）のものと考えられています。

ちなみに武甲山は、秩父市街地から見える北側斜面にのみ石灰岩層があり、かつてその下位であった南側斜面には緑色岩（玄武岩）が分布しています。

武甲山

チャート

チャートは、水晶の成分と同じ二酸化ケイ素が海底に堆積してできた、硬くて緻密な岩石です。約５億年前から生きている放散虫と呼ばれる約0.2mm以下のとても小さなプランクトンの骨格が発見されています。放散虫は時代ごとに形態が異なり、世界中で産出することから、その時代を特定する「示準化石」として優れています。

西秩父にそびえるノコギリ状の「両神山」は、東西約8km、幅2〜3kmに及ぶ巨大なチャートの岩体です。硬い岩石であり、侵食に強いためこのような山容をつくったと思われます。

両神山

④大陸プレートの下に沈み込む際に、海洋プレートの堆積物が大陸側に押し付けられる（付加体の形成）。
⑤大陸側に次々と付加体が追加されていく。地表は雨や川によって侵食される。
⑥地表の侵食が進み石灰岩・緑色岩が地上へ現れる。山地の隆起に伴い、突出した山（武甲山）となる。

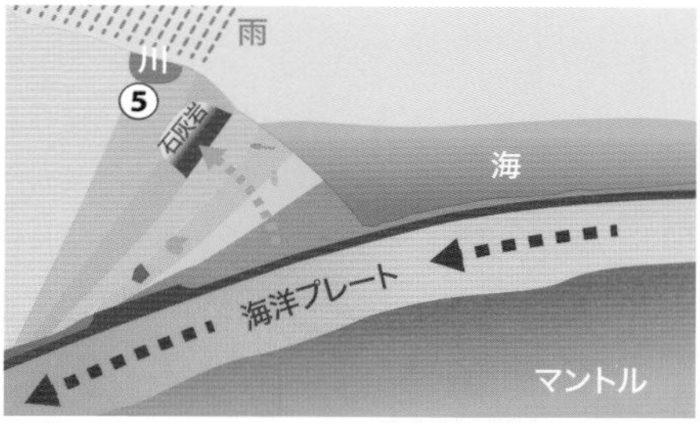

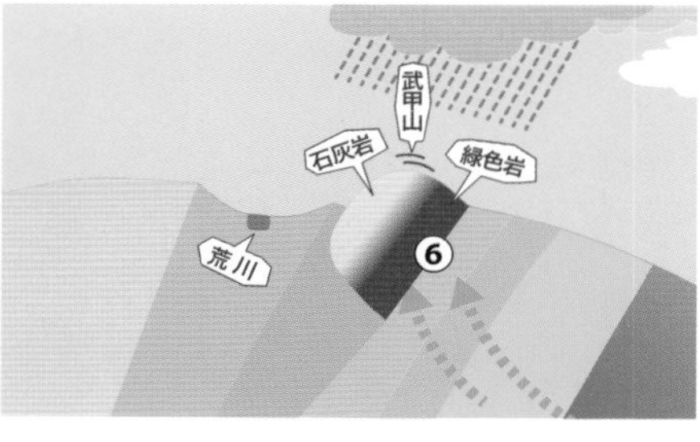

日本列島の基盤をつくり上げた「付加体」

西南日本の土台は厚さ約30kmの大陸地殻で、主に花崗岩類でできています。その表層部数kmにあるさまざまな堆積岩・火成岩および変成岩は、日本列島の基盤岩類と呼ばれる古生代・中生代の比較的硬い岩石です。基盤岩類の多くは、海洋プレートが海溝に沈み込む際、プレート上の火山の玄武岩やサンゴ礁の石灰岩、大洋底のチャートなどが、陸地由来の泥岩・砂岩などとともに大陸プレートへ押し付けられてできた「付加体」で構成されています。

日本列島の表面の60%は新生代の地層や火山噴出物が覆っているため、これらを直接観察できる場所は限られていますが、秩父地域では、盆地を除く山地において基盤岩類のさまざまな岩石や地層が広く露出しています。秩父山地の基盤岩は、中生代ジュラ紀の付加体（秩父帯）・白亜紀の付加体（四万十帯）と、その一部が地下深くに沈み込んでできた変成岩（三波川帯）から構成されています。これらの地質帯は、西は九州まで東西に長く帯状に配列しています。

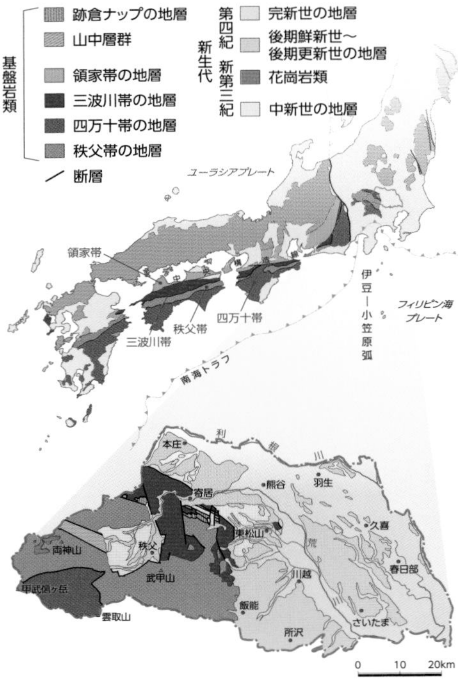

日本列島の基盤岩類と埼玉県の地層
画像提供:埼玉県立自然の博物館

長瀞の岩畳ってどうやってできたの？

①海底の堆積物などが海洋プレートに乗って大陸プレートの下に引き込まれていく。

②大陸の重さによる圧力とプレートの動きによって堆積層がずれていく。地下20〜30kmまで潜り込み、圧力と熱により、パイのように薄く剥がれやすい構造（片理）を持つ岩石に変わる（変成作用）。

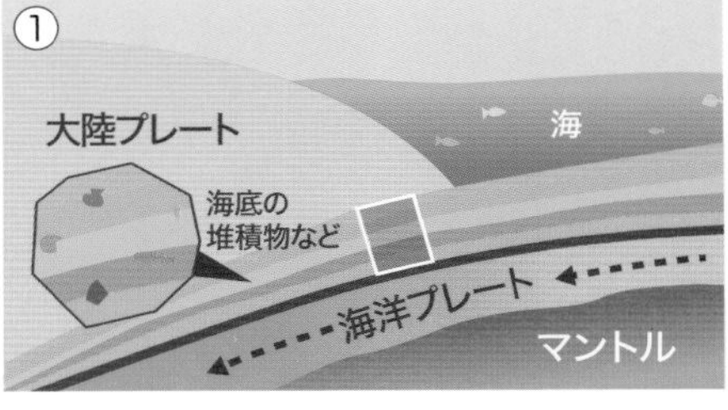

長瀞の景観をつくり上げた三波川帯の「結晶片岩」

長瀞の結晶片岩（虎岩）

大陸の縁に付加した堆積岩類の一部は、プレートの沈み込みに伴い地下深くへと押し込まれ、地下20～30kmの深さで、高い圧力と熱によってパイのように薄く剥がれやすい片理（へんり）という構造を持った雲母などの鉱物からなる「結晶片岩」という変成岩に変わります。地下深くでできた結晶片岩が、その後の地殻変動によって地表へと露出したのが三波川帯で、長瀞の岩畳が「地球の窓」といわれるゆえんです。

長瀞の景観は、結晶片岩の平らな水平方向の片理と、地上に現れて圧力から解放されてできた垂直方向の節理（せつり）という割れ目、そして荒川の侵食によって形作られています。また、変成岩のもとになった岩石の違いや、押し込められた深さの違いによって、長瀞周辺ではさまざまな色や模様の結晶片岩を観察することができます。

秩父から恐竜の化石が出るかも!?　山中地溝帯とは

志賀坂峠からみた山中地溝帯

秩父山地の中には、ひときわ低い山中地溝帯（さんちゅうちこうたい）といわれる凹地が、小鹿野町から志賀坂峠を越えて長野県佐久穂町まで幅約2～4km、長さ約40kmにわたって帯状に延びています。ここには、約1.3億年～約1億年前（中生代白亜紀）の浅い海に堆積した山中白亜系（山中層群）と呼ばれる地層が分布しています。

この山中白亜系が積もったのは恐竜がいた時代で、群馬県側では恐竜の化石が見つかっています。埼玉県側（小鹿野町）からもこれまでにアンモナイト、ベレムナイト、オウムガイなどの化石が見つかっています。今後、恐竜の化石が発掘されるかもしれません。

③地下深くの高圧条件下にあった岩石が、大地の隆起によって地上に露出し、高い圧力から解放されて膨張し、垂直方向にひび割れが起こる（節理）。

④荒川の流れにより、水平方向の構造（片理）、垂直方向の割れ目（節理）に沿って岩石が侵食され、畳を重ねて敷き詰めたような地形（岩畳）が形成される。断層の運動により岩石が砕かれたもろい層（断層破砕帯）の大きな割れ目に沿って荒川が流れるようになり、岩畳の対岸は秩父赤壁と呼ばれる岩壁になった。

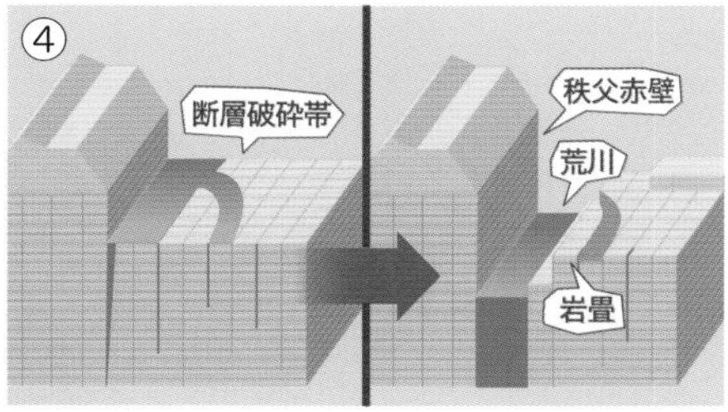

秩父に古くから伝わる石の呼び名

地質学の発展により、岩石や地質現象には新しい学術的名称が与えられ、細分化されてきました。しかし、常に人々の暮らしと密接に関わっていた岩石には、古くからの呼び名があり、今でも地域それぞれに残っています。ここでは、秩父地域に伝わる古くからの岩石や石材の名称をご紹介します。

日野龍眼石　ひのりゅうがんいし

海底火山から噴き出た火山灰が固まった茶色の凝灰岩と、南海のサンゴ礁からできた白い石灰岩が混在してできた石。産出地である秩父市荒川地区の地名「日野」と、龍の目に似た模様からその名が付きました。珍しい見た目から庭石などで重宝されたそうです。明ヶ指（みょうがさす）のたまご水と大カツラ付近の川原で見ることができます。また、西武秩父駅前の秩父農工高等学校跡地の碑の台座にも使用されています。

岩殿沢石　いわどのさわいし

秩父盆地の西隅、札所31番観音院の裏手の観音山や東側の大石山で産出された石。火山灰を含む石は刻みやすい硬さの凝灰質砂岩で、昔から石垣、石仏などに使われてきました。札所４番金昌寺の石仏群にも使われ、この石を運ぶとご利益があるとされ、「功徳石（くどくいし）」と呼ばれました。

秩父青石　ちちぶあおいし

長瀞など、三波川帯に分布する緑色の緑泥石、黄緑色の緑簾石（りょくれんせき）を含んだ結晶片岩。薄く板状に割れるため、昔から板石塔婆、建材、庭石、踏み石などに使われてきました。日本一の青石塔婆である野上下郷石塔婆（のがみしもごういしとうば）が有名です。

権兵衛石　ごんべえいし

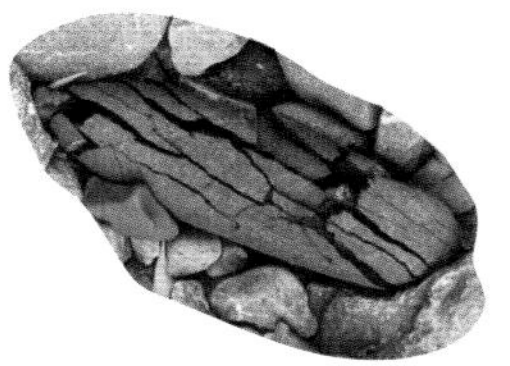

古秩父湾に堆積した新生代新第三紀の石で崩れやすい泥岩や砂岩などを、硬い真石に対して「権兵衛石」と呼んできました。「権兵衛が種まきゃカラスがほじくる」といわれるように、昔話などで間の抜けた人物として登場する「権兵衛さん」ですが、使い物にならない石という意味で昔から呼ばれていたようです。

真石　まいし

約３億年～約２億年前の堆積岩が分布する秩父帯のチャートや砂岩は、石垣や漬け物石に利用されてきました。このような風化に強く、硬くて緻密な石のことを、秩父では昔から「真石」、つまり真（まこと）の石と呼んできました。

チャート

貴蛇紋　きじゃもん

濃い緑色で光沢があり、岩肌が蛇の皮膚のように見えることから「蛇紋岩（じゃもんがん）」と名が付いた岩石があります。地下深部にあるマントルを構成するかんらん岩が水と反応してできた石です。磨くと美しい石材となり、「緑色の大理石」ともいわれ、特に品質がよい石材は「貴蛇紋」と呼ばれます。蛇紋岩で白い脈（方解石）が多く入ったものを蛇灰岩（じゃかいがん）といいますが、その見た目から「鳩糞石（はとくそいし）」という不名誉な別名もあります。

貴蛇紋でつくった印鑑

「放散虫革命」によって若返った「秩父古生層」

明治20年（1887）、東京帝国大学の大塚専一の卒業論文により「秩父古生層」が命名されました。これが、明治22年（1889）、原田豊吉の論文で一般に広まり、日本列島の古生代（約5.4億年〜約2.5億年前）を代表する地層として認知されるようになりました。また、「秩父古生層」がつくられた海底の沈み込む凹みとして、昭和16年（1941）に、小林貞一が「秩父地向斜」を提唱しました。このような経緯で、1970年代までは、高校地学の教科書に「秩父古生層」「秩父地向斜」が太字で載せられていました。

ところが、昭和13年（1938）、藤本治義は、長瀞で中生代ジュラ紀（約2億年〜約1.5億年前）の放散虫化石を発見したと報告しました。さらに、昭和38年（1963）、新潟県青海や足尾山地の「秩父古生層」から中生代三畳紀（約2.5億年〜約2億年前）を示す、正体不明の微化石「コノドント」が発見され、昭和47年（1972）には、武甲山でも三畳紀のコノドントが発見されました。昭和58年（1983）、原始的な魚類（無顎類）と考えられる動物の口の中に6種11個のコノドントが配列したものが発見され、その正体は原始的な魚類の器官だったことがわかりました。

昔の武甲山（1970年）

1970年以降、岩石をフッ酸で溶かして、放散虫を取り出す技法が導入されると、それまで化石が出ないとされていた泥岩やチャートから多くの放散虫化石が発見されました。その結果、「秩父古生層」の大部分が中生代ジュラ紀だと判明し、以来、「秩父中・古生層」、「秩父層群」、「秩父帯の地層」などと呼ばれるようになりました。さらに昭和53年（1978）、武甲山山頂付近で三畳紀の貝化石が発見され、いよいよ「秩父古生層」の時代を改めざるをえなくなりました。

1970年代末から1980年代初頭の数年間に、今まで古生代と思われていた地層が中生代のものであると判明した地球科学史の一大転機を「放散虫革命」といいます。これにより、「プレートテクトニクス」という、地球の表面を覆っているプレートの動きによって大陸が移動し、造山運動、火山、断層、地震などの地殻変動によってさまざまな地質現象が起こり、現在の大地が成り立っているという学説が主流となりました。

今後も、さまざまな新しい学説によって地球の成り立ちの研究が進んでいくものと思われます。

時代ごとに異なる放散虫（復元模型）
大きさ:0.05mm〜0.1mm 程

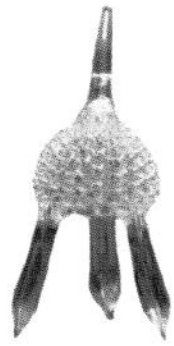

古生代
（フトバリ）

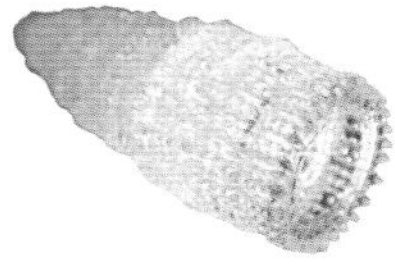

中生代
（フシューム）

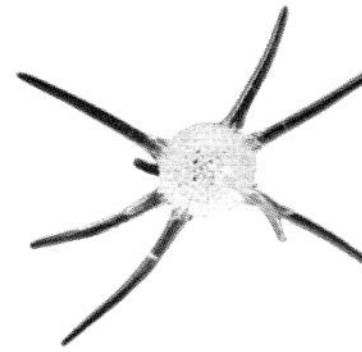

新生代
（リクノカノマ）

画像提供:埼玉県立自然の博物館

Ⅱ 秩父の大地に眠る 太古の海の物語

　約1700万年～約1500万年前、秩父盆地には「古秩父湾（こちちぶわん）」と呼ばれる海が広がっていました。のちに秩父連山となる山々の前に広がる豊かな海では生命の営みが繰り広げられ、そこでは、今日「パレオパラドキシア」や「チチブクジラ」と呼ばれる大型の海獣たちが泳ぎ回っていたのでしょう。

ようばけ

　海であったころの記憶が刻まれた地層が見られる6つの露頭と、6点のパレオパラドキシア化石と3点のヒゲクジラ化石からなる化石群は、平成28年（2016）に「古秩父湾堆積層及び海棲哺乳類化石群」として、国の天然記念物に指定され、その価値が広く評価されました。

　ここでは、「古秩父湾」に焦点を当て、海だったころの秩父へタイムスリップしてみましょう。

パレオパラドキシア骨格復元模型

前原の不整合

埼玉の奇獣「パレオパラドキシア」

そもそも、パレオパラドキシアってなあに？

　パレオパラドキシアは、約2000万年～約1100万年前まで生きていた絶滅哺乳動物です。柱を束ねたような奇妙な奥歯を持ち、大きな胸の骨、頑丈な手足を持っていました。

　現在似たような骨格を持つ生物が生きていないため、生態やその姿など、いまだに謎が多い生物です。パレオパラドキシアという名称も、ギリシア語で「太古の（palaios）奇妙な（paradoxos）生物」という意味があります。

カバのようでカバじゃない！

よく「カバみたい」といわれるパレオパラドキシア。実は、カバとは全く異なる系統です。

カバは北方の大陸（ユーラシア・北米）で発生した鯨偶蹄目（くじらぐうていもく）で、ウシやクジラに近い動物です。それに対して、パレオパラドキシアはアフリカで発生した束柱目（そくちゅうもく）で、比較的近いのはゾウの仲間の長鼻類（ちょうびるい）や、ジュゴンやマナティーなどの仲間の海牛類なのです。

パレオパラドキシア復元骨格模型（大野原標本）

パレオパラドキシア生体復元模型

秩父地域は世界で最も化石が見つかっている場所

パレオパラドキシアの化石は、日本〜北米大陸の太平洋側から見つかっており、日本では、35か所から約50標本の化石が発見されています。そのうち10標本は秩父地域で産出しています。秩父地域は、実は、世界で最もパレオパラドキシアの化石が多く見つかっている場所です。昭和47年（1972）、秩父市大野原で世界で２例目の全身骨格が見つかり、昭和56年（1981）に県立自然史博物館（当時）で公開されたときには、「埼玉の奇獣」として大きな注目を集めました。

史上初！ 哺乳類化石の国天然記念物

秩父で発掘されたパレオパラドキシア、チチブクジラなど９つの化石標本と古秩父湾時代の地層が見られる６つの露頭は、「古秩父湾堆積層及び海棲哺乳類化石群」として、平成28年（2016）に国の天然記念物に指定されました。哺乳類の化石や新生代の化石、そして化石群としての指定は初めてのことで、さらに化石と地層を併せた初の複合天然記念物としても注目されています。

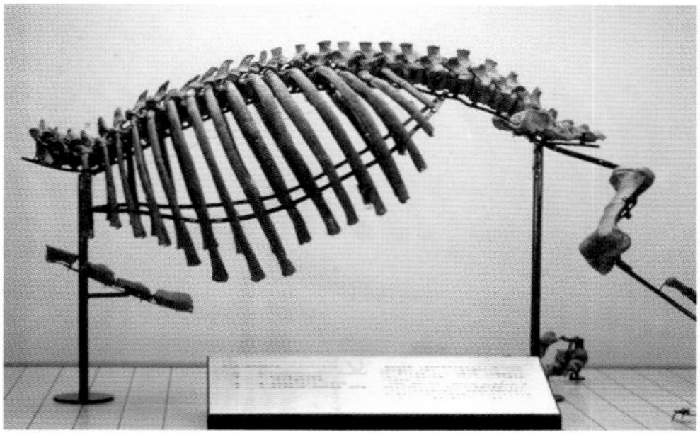

パレオパラドキシア化石（実物）

日本列島の誕生と「古秩父湾」の移り変わり

今から約2000万年～約1500万年前のことです。海溝に海洋プレートが沈み込むにつれ、ユーラシア大陸の東縁部の地下からマグマが上昇し、地球の表面（地殻）が引き延ばされていきました。次第に大陸が分裂していき、陸と陸の間に海ができます。日本海、そして日本列島の誕生です。

その時代、今の秩父盆地となる場所には「古秩父湾」という海が広がっていました。古秩父湾の海底に積もった堆積物は、秩父盆地内の地層を形成していきました。

美の山公園からの眺望

古秩父湾の誕生（約1700万年前）

現在の秩父盆地の東側の山々（外秩父山地）はまだなく、西側に山々を背にした海岸線があり、東側に開いた湾のような地形ができました。古秩父湾の誕生です。

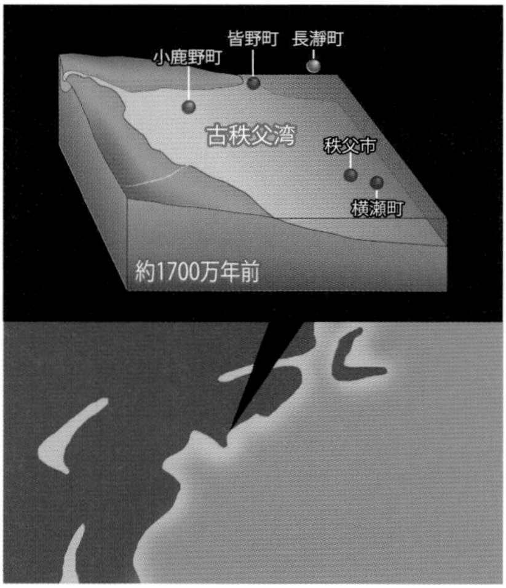

剥がれた大地と大陸の間に海ができました。これが日本海の始まりです。日本海はさらに拡大していき、剥がれた大地は日本列島の原型となります。

深海の時代（約1600万年前）

列島全体が広く海に覆われ、古秩父湾も深海になりました。大地震や大嵐などが発生すると、浅瀬から深海部に大量の土砂が流れ込み、海底に積もっていきました。

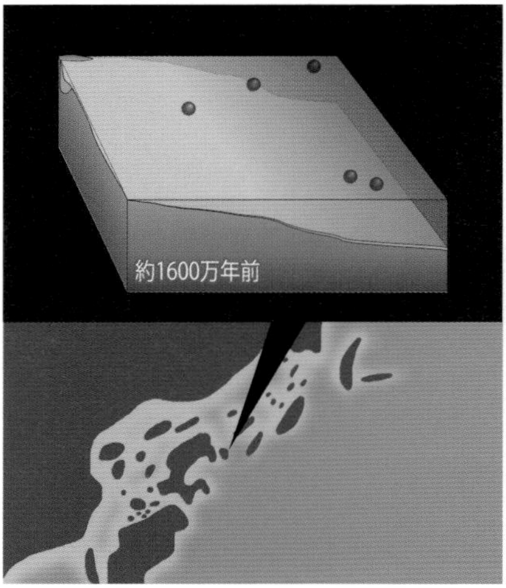

日本海が拡大するにつれて島々も移動していきます。この時期、列島の広い範囲が水没し、海底へ大量の土砂が流れ込んでいきました。

古秩父湾のイメージ

浅海の時代（約1550万年前）

湾の東側が隆起するにつれて、西と東から堆積物が湾に流れ込み、浅い海が広がりました。この時代は生物の種類・量が豊富で、化石が最も多く産出します。

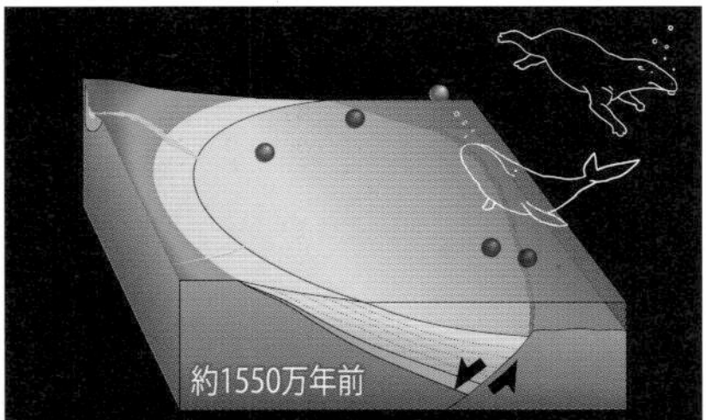

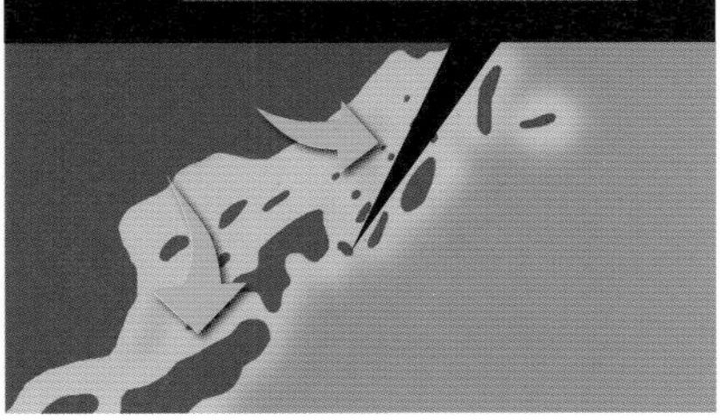

西日本となる島々は時計回りに、東日本となる島々は反時計回りに回転しながら、観音開きのように移動し続けます。

古秩父湾の消滅（約1500万年前）

外秩父山地の隆起が進むと、次第に湾が閉じられていき、古秩父湾は消滅しました。現在の盆地内の地形ができるのはさらに後（今から数十万年前）のことです。

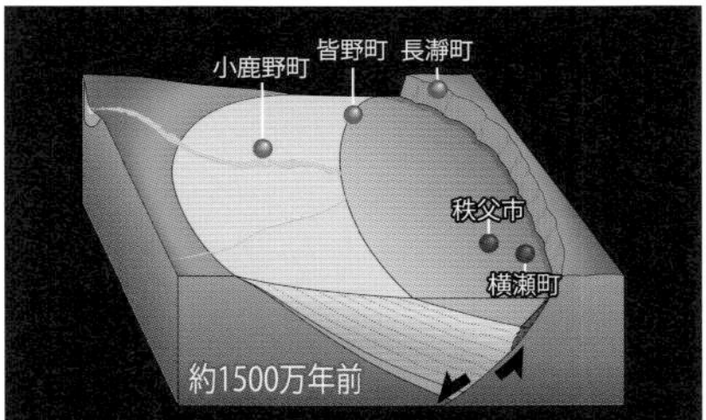

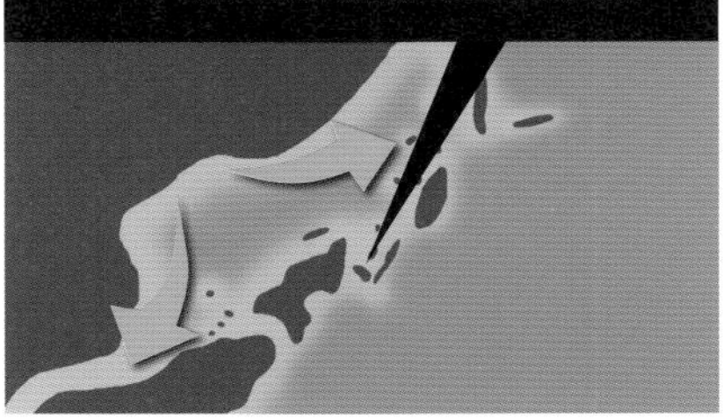

島々が現在の日本列島の位置までたどり着きました。その後、地殻変動や気候変動を繰り返して、現在の日本列島の形に近づいていきます。

海の記憶を残す地層や岩石

ジオパーク秩父の中には、古秩父湾の時代に堆積した地層や岩石を見られる場所が数多くあります。海の誕生から消滅までの痕跡をたどってみましょう。

晴夫
（はれお）
みんなあそびに来てね！
晴夫の父
おがの化石館にいるパレオパラドキシアの親子

古秩父湾の誕生（約1700万年前）

前原の不整合

犬木の不整合

前原の不整合（P.114） 国天然記念物
犬木の不整合（P.144） 国天然記念物
秩父ジオグラビティパークの露頭
（三峰口の白川橋付近）（P.94）
白砂公園の白沙砂岩層（P.132）
札所31番観音院の岩壁（P.142）

白砂公園の白沙砂岩層

深海の時代（約1600万年前）

取方の大露頭（P.134） 国天然記念物
子ノ神の滝（P.130）
藤六の海底地すべり跡（P.136）

この時代の地層からは俺たちの化石は出ていないんだ。みんな浅い海の方が好きだったのかもしれんなぁ。
な〜る

取方の大露頭

浅海の時代（約1550万年前）

ようばけ（P.138） 国天然記念物
札所19番龍石寺の角礫質砂岩（P.56）
札所32番法性寺のお船岩（P.140）

浅い海はたくさんの生き物がすむ生物の楽園だったんだ。
この時代、僕たちやクジラの化石も数多く見つかっているよ！

ようばけ

古秩父湾の消滅（約1500万年前）

新田橋の礫岩露頭（P.66） 国天然記念物
若御子断層洞（P.76）

パレオパラドキシアの最も新しい化石は群馬県の約1200万年前のもので、湾がなくなった後も、近くの海で暮らしてたんだろうなぁ。
ま、その後絶滅しちゃったんだけどね…

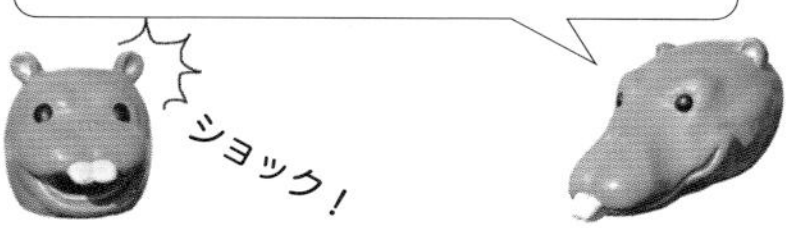

新田橋の礫岩露頭

古秩父湾の生き物の化石はここで見られるよ！

埼玉県立自然の博物館（P.126）

古秩父湾時代の哺乳類化石の実物が展示されています。他にもパレオパラドキシアのリアルな骨格復元模型や、生きていたころの生体復元模型も見ごたえがあります。古秩父湾を学ぶにはまずはここがおすすめです。

おがの化石館（P.157）

入口で待ち構えるパレオパラドキシアの骨格復元模型が迫力満点です。カニや貝などの化石の展示も多く、古秩父湾以外の国内外の化石も楽しめます。施設のすぐ近くにはジオサイト「ようばけ」があります。

秩父雲海（美の山公園）

「古秩父湾」を彷彿させる絶景 感動！「秩父雲海」

東京から一番近い雲海スポット

最近、秩父は雲海スポットとして注目されています。晴れて風のない夜間には、地面や地表付近の空気が熱を奪われて（赤外放射）、冷たく重い空気ができます（放射冷却）。空気中の水蒸気は、冷やされると細かな水滴となって、霧をつくります（放射霧）。この霧を含んだ冷たく重い空気が谷を流れ下り、秩父盆地にたまります（盆地霧）。これを高いところから見下ろすと、まるで雲の海が広がっているように見えるのです。

ちなみに、ふつう気温は上空に100m上がると0.65℃下がりますが、盆地内に冷気がたまり、上空ほど気温が高くなってできる気層を「逆転層」といいます。

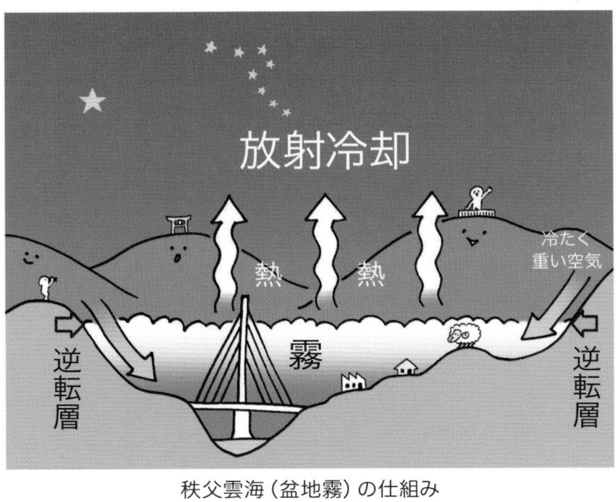

秩父雲海（盆地霧）の仕組み

多くのカメラマンで賑わう
ミューズパーク展望台

秩父盆地には、約1700万年〜約1500万年前にかけて「古秩父湾」という海が広がっていました。秩父雲海の絶景はまるでこの「古秩父湾」が現代に再び現れたように思われます。

パレオパラドキシアやチチブクジラといった大型の海獣たちが泳ぎ回っていたかつての海に思いを馳せて、ジオパーク秩父ならではの絶景を楽しんではいかがでしょうか。

雲海夜景（ミューズパーク展望台）

「秩父雲海」が発生しやすい条件とは

季節	シーズンは春と秋。ピークは11月（条件がそろえば夏や冬でも見られる）
時間	明け方〜早朝が多い
天気	明け方晴れていること（前日雨が降るとさらに発生しやすい）
風速	風が弱いこと（風速１m／秒以下が続くと発生しやすい）
湿度	湿度が高いこと（湿度が100%に近いと発生しやすい）

※雲海は自然現象です。上記の条件が当てはまっていても必ず見られるとは限りません。

雲海スポットのジオサイトなど

雲海が見られる場所は、実はジオサイトなどになっています。
ジオパーク秩父を巡りながら雲海写真もゲットしちゃいましょう！

羊山公園（中位段丘） P.60
秩父ミューズパーク展望台（高位段丘） P.62
丸山山頂展望台 P.71
三峯神社 P.88
浦山ダム P.93
美の山展望台 P.123
宝登山山頂展望台 P.124
破風山山頂の展望 P.125
志賀坂峠 P.156

海なし県埼玉の秩父で発見!?　新種の「チチブクジラ」

昭和59年（1984）、秩父市大野原のパレオパラドキシア産出地（国の天然記念物である古秩父湾の6つの露頭の1つ）の岩盤に、骨の組織の一部が露出しているのが発見されました。その後の発掘で、頭骨、下顎の骨、頸椎（首の骨）が見つかりました。体の骨は失われていましたが、頭骨の大きさから推定して、体長４mほどのクジラであることが判明しました。

クジラは、陸上から海に戻った哺乳類です。水中での生活に適応して鼻の穴の位置が頭骨の前部から後退する進化の過程をたどっています。現在のクジラの鼻は頭部の上にあるため、潮吹きをすると頭の上から吹き上がって見えるのです。

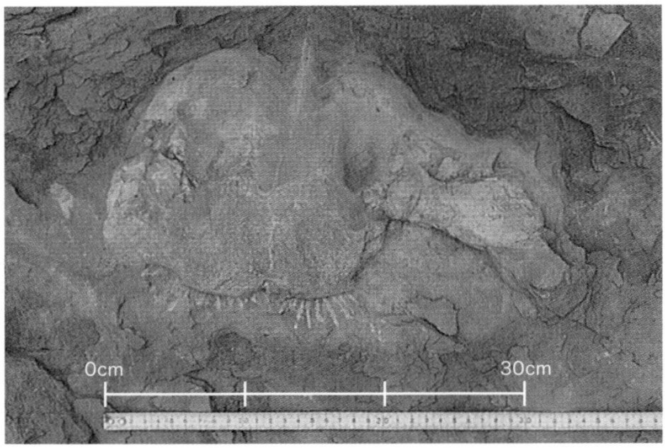

チチブクジラ（頭部）化石発掘時の写真

秩父で見つかったクジラの化石は、現在のクジラより前に鼻孔があり、古いクジラの特徴を備えていました。すでに絶滅した「ケトテリウム科」という仲間に属しますが、この仲間は日本での発見はなく、さらに北太平洋沿岸の北米のクジラ化石にも見られず、新しく発見された新種のクジラとして、「チチブクジラ」と名付けられました。新しい種類を決める基準となる標本を「ホロタイプ」といいますが、これは世界で１つしか指定されないもので、たいへん貴重なものです。

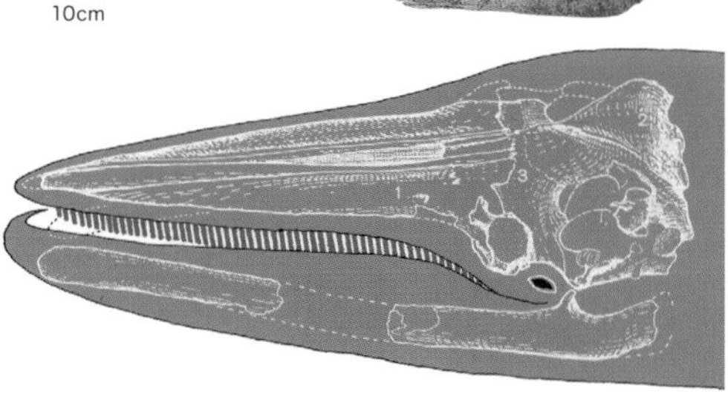

チチブクジラの頭部

約1700万年～約1500万年前に存在した古秩父湾では、パレオパラドキシアやチチブクジラなどの海獣が悠々と泳ぎ回っていたのです。今日、秩父から東京湾までは約80kmの距離がありますが、大昔には今の秩父盆地が確かに海であったことを、彼らの化石が証明してくれています。

この標本は埼玉県立自然の博物館で見ることができます。約1500万年前の古秩父湾を泳いでいたチチブクジラに、ぜひ会いにきてくださいね。

Ⅲ 時代を超えた人々の聖地

切り立った岩山を背にしたお堂、霧深い奥山に鎮座するお宮、岩屋に並んだ名もない石仏。昔からこの地に暮らした人々は、雄大な山々や珍しい地形・巨大な岩などに神秘を感じ、信仰の対象としてきました。

古来、秩父は近在から遠来の人々の信仰を集める地。秩父三社や秩父三十四ヶ所観音霊場などに代表される寺社には、人々が特異な地形に神秘を感じ、大切に守り伝えてきた特別な場所が数多くあります。今、その場所はジオサイトとしてジオパーク秩父の見どころとなっています。

悠久の時を経て大切に守り継がれてきた特別な場所を巡り、人々の信仰と大地とのつながりを感じながら、心の旅に出かけてみましょう。

札所４番金昌寺の石仏群

札所32番法性寺のタフォニ

観音様が守ってくれているジオサイト

日本百観音「秩父札所」とは

『観音霊験記（法性寺）』

秩父三十四ヶ所観音霊場は、西国三十三ヶ所、坂東三十三ヶ所とともに日本百観音に数えられています。室町時代に成立し、江戸時代には庶民の間で流行しました。江戸末期には人気浮世絵師が百観音霊場を描いた錦絵『観音霊験記』でも紹介され、各地から多くの巡礼者が秩父札所を訪れました。

一巡約100kmと比較的まとまった範囲内にあり、江戸からも近い巡礼地とあって隆盛し、当時の巡礼路の多くは「江戸巡礼古道」として残っています。日常から離れ、のどかな田舎道を歩きながら巡る心の旅は、今も多くの人を惹き付け、年間を通じて数多くの巡礼者や観光客が訪れています。

札所巡礼者

札所あるところにジオサイトあり！

札所32番法性寺のお船観音

秩父札所を訪れて、お堂の裏にそそり立つ岩壁、大きな岩の上や木立の中に並ぶ石仏、不思議な奇石などを見ると、なぜその場所に観音様が祀られたかを感じることができます。

各札所に伝わる縁起にも、地形や岩石にまつわる話が多く、昔の人は人智を超えた大地の営みに畏敬の念を感じ、その場所を特別な地、つまり霊場として大切に守ってきたに違いありません。

時が経ち、秩父札所がジオパーク秩父のジオサイトとして大地の成り立ちを学べる場となった今も、その根幹には長い歴史で受け継がれてきた人々の信仰の心があることを感じるはずです。

ジオを感じる札所に行ってみよう！

数ある札所の中でも、特に大地の営みを感じることができる札所をピックアップしてご紹介します！ ぜひ現地で、心静かに大地の鼓動を感じてみてください！

札所4番　高谷山金昌寺

「慈母観音」で有名なお寺。境内には約1300体もの石仏が並ぶ。奥の院では三波川帯の蛇紋岩と盆地の礫岩層との「不整合」も見られる。

札所19番　飛淵山龍石寺

周囲よりやや高く露出した大きな砂岩の上にお堂が建っている。かつてここが河床であったことを示すポットホールも見られる。

札所20番 法王山岩之上堂

大覗岩という砂岩の絶壁の上にお堂が建っている。岩の下には貧しい乳母を救った伝説が伝わる「乳水場」という湧泉がある（現在非公開）。

札所26番　万松山円融寺 奥の院岩井堂

武甲山の北西側の麓にあり、硬いチャートの岩峰の上に奥の院が建つ。懸造（かけづく）りのお堂は迫力がある。

札所28番　石龍山橋立堂

武甲山の西側にそそり立つ大迫力の岩壁の下にお堂がある。珍しい縦穴型の鍾乳洞を楽しめるほか、縄文時代の遺跡も発掘されている。

札所31番　鷲窟山観音院

お堂は巨大な砂岩の岩壁に囲まれ、傍らを高さ約30mの聖浄の滝が流れ落ちている。岩壁に刻まれた無数の磨崖仏は県指定史跡。

札所32番　般若山法性寺

観音堂裏手の岩窟には海岸に多く見られる蜂の巣状の風化岩（タフォニ）が見られる。せり出した巨大なお船岩からの眺望は秩父札所一といわれる。

札所34番　日沢山水潜寺

日本百観音の「結願寺」。巨大な岩壁に小さな鍾乳洞があり、「水潜りの岩屋」とも呼ばれ、かつて巡礼者が身を清めた場所。（現在非公開）

秩父神社、つなぎの龍の伝説と地蔵川

秩父神社がある場所は、秩父盆地の河成段丘のうち、低位段丘に位置しています。社殿は周辺の街なかに比べると2.5mほど高い丘に建っていますが、このあたりは数万年前にこの段丘面が川原だったとき、中州の高まりであったのではないかと考えられます。秩父神社が創建された時代、人々はこの小高くなっているところが神様を祀るにはふさわしい場所であると捉えたのかもしれません。

秩父神社境内（秩父夜祭）

秩父神社の本殿の東側には、左甚五郎が彫ったといわれる「つなぎの龍」があります。

札所15番少林寺のそばにあった「天ヶ池」で龍が暴れると、決まってこの彫刻が濡れ、下に水たまりができていたそうです。そこでこの龍を鎖でつないだら、池に龍が現れなくなったと伝えられています。

つなぎの龍

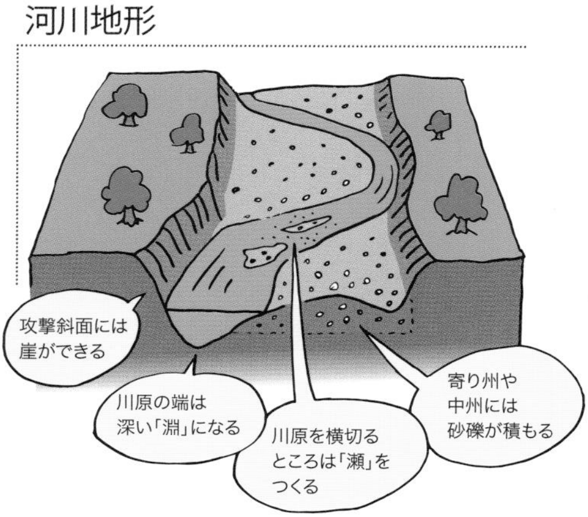

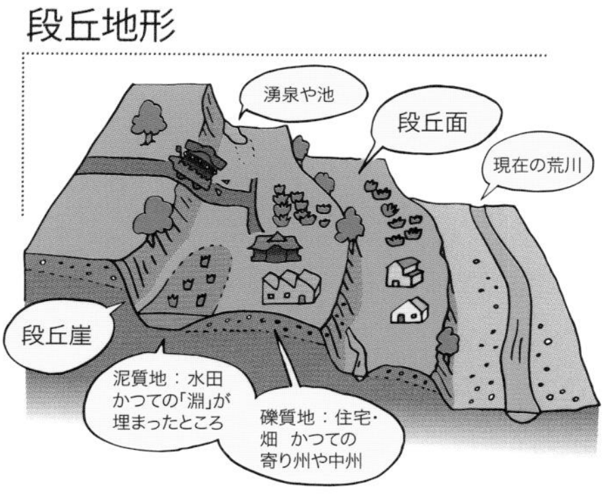

河川から段丘への移り変わり

堀口萬吉 監修『日曜の地学 1 埼玉の自然をたずねて（築地書館）』（1987）の図から作成

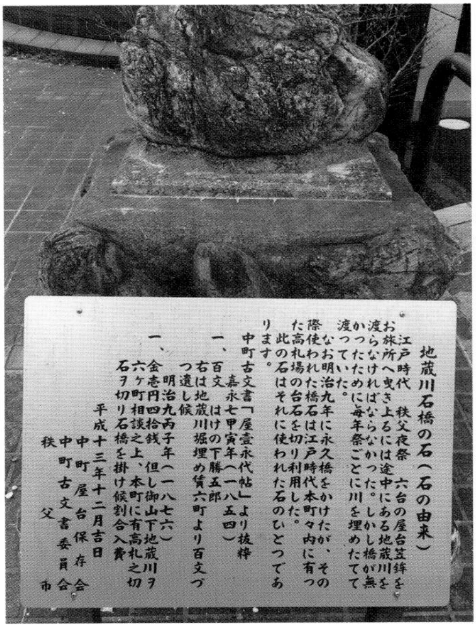

地蔵川にかけた石橋の石（秩父市中町）

秩父鉄道御花畑駅の南側付近の段丘崖下を水源として、かつて「地蔵川」という川がありました。番場通りの東側を流れて秩父神社柞（ははそ）の森にあった池に注ぎ込み、札所17番近くの池へつながっていたそうです。現在この川は暗渠（あんきょ）となっていますが、札所15番付近でその名残を見つけることができます。ちなみに湧水地にあったお地蔵様が川の名前の由来であり、今も札所13番入口に祀られています。

秩父夜祭の御神幸行列は、かつてこの地蔵川の流路に沿った順路をとっていたと伝わります。笠鉾や屋台は神様を乗せる船を表しているともいわれ、地蔵川を遡り、御旅所（おたびしょ）へと航行する姿を思い巡らすことができます。

12月の秩父夜祭は、４月の「御田植祭」で山の神を里に迎え入れ、豊穣を与えてくれた神を山へお送りする祭りでもあります。神の山・武甲山を源流とする水が伏流水となり、盆地で湧き出して里を潤してきた歴史に、地形が生み出した古い信仰の形を見出すことができます。

秩父夜祭の御神幸コースと地蔵川

さきたま出版会『秩父夜祭』（監修:薗田稔）を参照し作成

三峯神社　随身門

修験道の聖地、三峯神社

秩父三社の１つであり、標高1102mに鎮座する三峯神社は、神社の南にそびえる雲取山、白岩山、妙法ヶ岳の3つの峰がその名の由来です。これらの山は、玄武岩（雲取山）、石灰岩（白岩山付近）、チャート（妙法ヶ岳）といった硬くて緻密な岩石ででき、切り立った山容をしています。神社周辺は四万十帯の砂岩や泥岩の地層（大滝層群）のため、侵食に弱くなだらかな地形になったと考えられます。

三峰駐車場から白岩山と雲取山を望む

三峯神社の歴史の中では、西暦700年頃に修験道の開祖である「役行者（えんのぎょうじゃ）」が伊豆から三峰山に往来して修行したと伝わっています。

周りの険しい山々が修行の地となり、3つの峰を仰ぎ見ることができ、さらに多くの建物を建てることができるなだらかで広い神社周辺が拠点となったのでしょう。このような奥地にある神社が繁栄したのも、実は当地の地形がカギを握っていたと考えることができます。

妙法ヶ岳山頂にある三峯神社奥宮

親鼻駅付近から宝登山を望む

ヤマトタケルも登った山、宝登山

埼玉県を代表する観光地である長瀞の街なかから仰ぎ見ることができる、秩父では珍しい単独峰の宝登山。その麓に宝登山神社はあります。宝登山は、岩畳と同じ三波川帯の中にあり、山体が御荷鉾（みかぶ）緑色岩で、宝登山の周りの低い山地は結晶片岩でできています。緑色岩は侵食に耐えてゴロッとした形の山になります。山頂付近はなだらかな地形で、神社の奥社をはじめ、ロープウェイの駅、小動物公園、ロウバイ園などさまざまな施設があります。

神社の縁起では、日本武尊（ヤマトタケル）が東征の折、その山容の美しさに惹かれて山頂を目指し、神霊を祀ったと伝えられています。長瀞の街なかから仰ぎ見る宝登山はとても神々しく、昔の人がこの山に神威を感じたことも頷けます。

また、岩畳、長瀞駅、宝登山神社、宝登山山頂まではほぼ直線状にあり、荒川の流れに対し直角に拠点が並び、岩畳から街なかまでの河成段丘と、宝登山のなだらかな山容がちょうどいい高低差と距離感を生んでいることも、観光地として長瀞が発展してきた1つの理由と考えることもできます。

宝登山神社

ロープウェイ山頂駅から岩畳方向を眺める

Ⅳ　大地の営みと共に生きる

秩父の人々の暮らしの歴史は、その時代時代で地域に活力を生んできた産業や、根付いた固有の文化に彩られてきました。いつの時代も変わらないのは、大地の恵みを享受し、それに感謝し、大地とともに生きてきたということです。

秩父の里では、絹織物で発展した秩父夜祭の歴史を知り、奥秩父に目を移せば、秩父鉱山の貴重な鉱石の輝きに魅せられた平賀源内の挑戦を知ることができます。こうした営みは、大地の物語とは切っても切れないものです。

あの名所も、この食べ物も実はジオだった！　そんな驚きを、秩父の地でたくさん探してみましょう！

秩父銘仙

秩父夜祭

荒川がつくった秩父の街並み

秩父公園橋の上から秩父駅のほうを見てみると……

秩父の人気ビューポイントである秩父公園橋がかかる荒川は、奥秩父の起点から東京湾河口まで173kmもの距離を旅する川です。橋から秩父駅に至るまっすぐの大通りを眺めると、坂が何段も連なっているのがよくわかります。秩父の階段状の街並みは、大地の隆起とともに荒川の流れが長い長い時間をかけて削ってつくったものです。このようにしてできた地形を「河成段丘」といいます。

街なかに連続する坂や崖は、その時代ごとに川の流れが刻み込んでできたもので、「段丘崖（だんきゅうがい）」といい、その間の平らな面を「段丘面」といいます。現在の荒川に近くなるほど新しい段丘面で、秩父の市街地があるあたりは、約７万年前以降に川原であった場所と考えられています。

秩父公園橋からの眺め

芝桜の丘で有名な「羊山公園」

羊山･見晴しの丘からの眺望

西武秩父駅から徒歩20分の距離にある羊山公園は、ソメイヨシノやシダレザクラの名所で、「芝桜の丘」があることで有名です。この公園のある羊山丘陵も、約13万年前は川原だった「中位段丘」にあたります。見晴しの丘からは街なかを一望でき、荒川をはさんだ西側には、秩父ミューズパークがある長尾根（高位段丘）が望めます。

芝桜観光トイレ付近の駐車場と見晴しの丘にジオ解説看板があるのでぜひご覧ください。

山の上なのに不思議に平らで広〜い秩父ミューズパーク

秩父ミューズパークのイチョウ並木

プールやテニスコート、コテージや野外ステージ、展望台などさまざまな施設がある市民憩いの場「秩父ミューズパーク」は広々とした公園で、とっても気持ちがいいところです。

ここは昔から、文字通り長い尾根だから「長尾根」と呼ばれています。山の上なのに不思議なほど平らになっているのは、約50万年前、この尾根が川原だったからです。秩父盆地にある河成段丘のうち一番古い時代につくられたところで、最も標高が高い「高位段丘」になります。

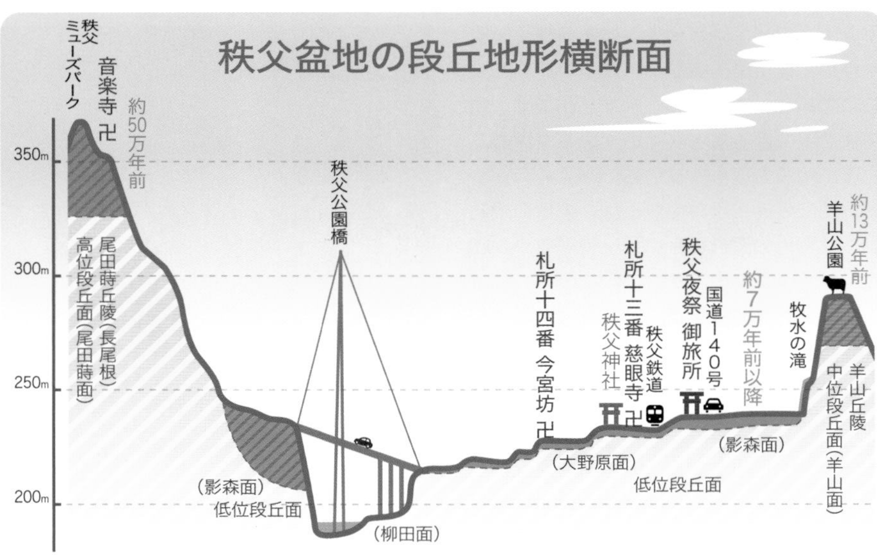

小幡喜一「新たな札所巡りジオウォーキング」パンフレット（2011）の図などから作成

武甲山から秩父盆地を望む

地形がつくった産業とお祭りの形

お米もダメ、果樹や茶もダメ。それなら……

昔から、秩父は稲作に向かない土地でした。山あいで平地が少ないこともありますが、秩父盆地の中は荒川の流れがつくった河成段丘の段丘面の上にあり、かつての川原の堆積物である礫が多くて水田に適した土壌とはいえず、さらに傾斜地も多かったため、限られた場所でしか水耕ができなかったのです。

米がつくれない土地では収穫高の多い果樹や茶の生産を行うところもありますが、秩父は寒冷地で適しません。そこで植えられたのは「桑」です。桑は、湿地を嫌い、寒冷地や山地の痩せ地でもよく育つ植物で、蚕のエサとなります。蚕がつくる繭は絹糸の原料で、絹織物は価値も高く、江戸時代以降、金納による年貢を担うための重要な産業になります。秩父で養蚕が盛んになったのは必然のことだったのです。

江戸時代中期には秩父神社周辺で絹織物の大きな市が立つようになりました。「絹大市（きぬのたかまち）」と呼ばれ、秩父の経済を潤してきました。「お蚕まつり」とも呼ばれる秩父夜祭の発展は、絹織物の繁栄とともにあったことは有名な話です。

明治時代になると、織機の進歩、「ほぐし捺染」（あらかじめ仮織りされた経糸のみに型染めをすることで、表裏が同じように染色される技法）の考案などを経て、「秩父銘仙」が誕生します。

秩父銘仙は女性の手軽なおしゃれ着として、大正から昭和初期にかけて全国的な人気を誇るようになりました。当時は、養蚕業などを含めると人口の約７割が織物関係の仕事に関わっていたといわれ、まさに秩父の基幹産業として地域を支えていました。

現在も秩父地域で見られる桑畑

秩父夜祭・団子坂曳き上げ

河成段丘とともにあるお祭りの形

平成28年（2016）にユネスコ無形文化遺産にもなった秩父夜祭では、絢爛豪華な笠鉾2基と屋台4基が街なかを曳き廻されます。クライマックスは、12月3日の夜に行われる御旅所手前の急坂「団子坂」の曳き上げ。この坂はもともと崖であり、約３～４万年前に川の流れがつくったと考えられる段丘崖です。

ちなみに、山車巡行や御神幸行列の目的地である御旅所のことを、お祭り関係者は単に「お山」といいます。笠鉾や屋台は、神様が伝説の「蓬莱山（ほうらいさん）」（＝御旅所）を目指して航行していく乗り物だともいわれ、「お山」という言葉はここからきています。山車に乗る囃子手の掛け声「ホーリャイ（ホーライ）」も、この蓬莱山からきています。御旅所は実際には山とはいえませんが、秩父神社がある段丘面から1つ上の段丘面にあることから、蓬莱山になぞらえてこのような表現をしているのだと考えられます。

冬の秩父夜祭と対をなす秩父神社の夏のお祭り「秩父川瀬祭」では、夜祭とは逆に、山車や御神幸行列は段丘を下へ下へと降りていきます。行列の目的地は、お祭りで最も重要な神事が行われ、有名な「神輿洗いの儀式」を行う荒川武（たけ）の鼻の妙見淵（みょうけんぶち）。ここでもやはり、河成段丘がつくった地形がお祭りと深く結びついています。

秩父川瀬祭・神輿洗いの儀式

田んぼが少ない秩父、「嫁に行くなら○○」？

明治の地図を見てみよう

明治時代の地図を見ると、秩父盆地の中は田んぼが少なく畑ばかりです。江戸時代、米のとれないこの地方では年貢を米で納めることができず、作物などをお金に換算して納める「金納」でした。

荒川や赤平川は今でも深いところを流れ、用水もポンプもなかった時代、段丘の上では長い間、川の水を利用するのに苦労をしていました。また、水の便が悪いばかりでなく、昔、川原だった段丘面は礫が多く、水田に適した泥質地が少なかったことなども畑が多い理由です。

秩父盆地の中でわずかに田んぼがあったのは、数少ない泥質地のうち、上流の沢の水を引いた横瀬町の寺坂棚田や、谷の水をせきとめた「姿の池」（羊山公園にある貯水池）、または段丘崖の湧き水を利用した細長い田んぼが点々としている場所のみでした。

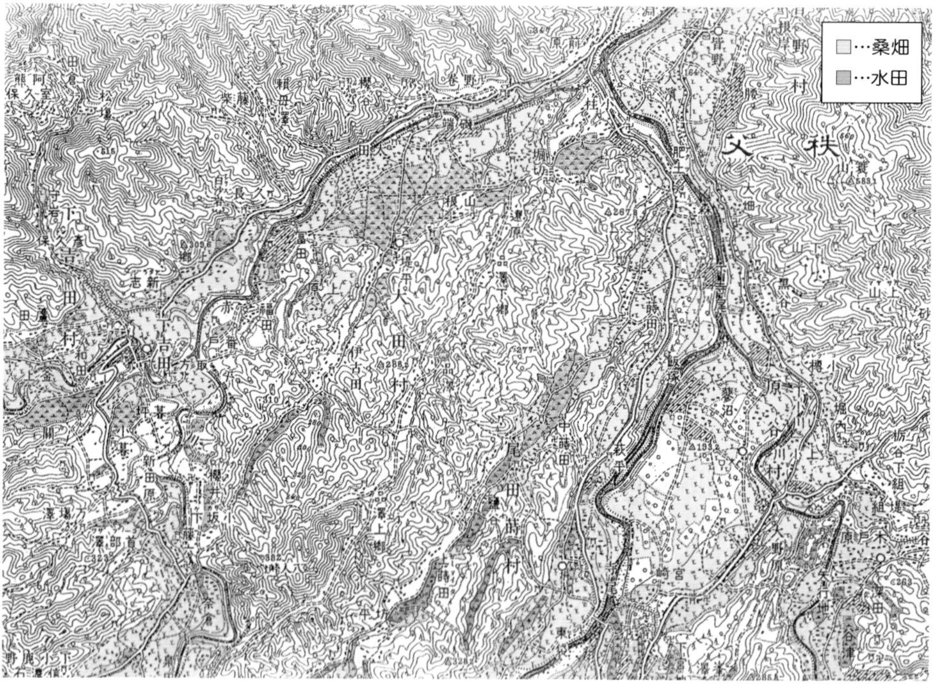

上は明治43年（1910）に発行された地図です。現在の秩父市北側を示したもので、桑畑は黄色、水田は青色で表しています。砂利の多い荒川や赤平川の本流に沿った場所はほとんどが桑畑で、段丘崖下の湧水のある泥がたまった流路跡のみ細長い小さな田んぼが見られます。それに比べ、砂利が運ばれてこなかった蒔田（まいた）や太田（地図の中央付近）には水田が多いことがよくわかります。

川が途切れて侵食されなかった地

蒔田地区と太田地区では、川が浅いところを流れています。もともとこの地には荒川や赤平川の支流が流れていましたが、侵食が進んで本流の谷が深くなると、支流は本流から切断されて上流から砂利が流れ込まなくなり、泥質の土地となりました。

川が浅いので水利もよく、谷をせき止めてため池がつくられたこともあり、蒔田と太田はその地名のとおり古くから米どころでした。

破風山からの太田地区の眺望

お米がとれた豊かな土地柄

米のとれた蒔田の谷には、国指定重要文化財の内田家住宅や通り門のある大きな農家、名刹の円福寺などがあり、この地が豊かであったことがわかります。また、上蒔田の椋（むく）神社では稲の豊作を祈願する「御田植祭」が行われます。太田には高札場があり、往来の中心であったことがうかがえます。秩父には、「嫁に行くなら太田か蒔田」という言葉も伝わっているぐらいです。

大田小・中学校の前には、日本で初めて帝王切開の手術を行った医師「伊古田純道（いこたじゅんどう）」の碑や、近くには森鷗外の『舞姫』の主人公のモデルといわれる医師「武島務」のお墓があります。米どころ太田の安定した経済により、著名なお医者さんを輩出できたのかもしれません。

上蒔田椋神社･御田植祭

円福寺（秩父市田村）

秩父名物のお蕎麦は大地の賜物

川が深いところを流れる盆地内は水はけがよく、土壌も乾燥しています。また、1日の寒暖の差や夏期と冬期の気温差が大きい盆地特有の気候の下にあります。山に囲まれた秩父盆地と川が刻んだ河成段丘の地形が生み出したこのような条件は、実はそばの栽培にはうってつけなのです。さらに、荒川の源流を抱く秩父の水でお蕎麦を打つと、コシが強く、のど越しのよいお蕎麦にな

そばの花

秩父の郷土食の蕎麦

るといわれています。

昭和時代の半ばまでは秩父地域一帯に桑畑が広がっていましたが、絹織物の価格低迷で養蚕農家が少なくなり、桑畑はそば畑として生まれ変わったのです。今では秩父地域全体でお蕎麦屋さんが増え、秩父名物の郷土食となりました。6月（春そば）、9月（秋そば）に白い花が一面に広がるそば畑も、今や秩父を代表する風景の1つになっています。

そば畑（ちちぶ花見の里）

秩父の空凍(からっち)みとつるし柿

「あちゃむしだんべにつるし柿っとぉ、コラショ」、 秩父音頭の合いの手にも出てくる秩父名物「つるし柿」（干し柿）。秩父盆地の中の二大河川である荒川と赤平川は深いところを流れ、かつての川原であった段丘面は乾燥しています。南に高い山が連なり、北に開けた秩父盆地は寒風が吹き込みます。乾燥した寒い土地を秩父では「空凍み」といってきました。

秩父盆地では、柿をひもにつけて軒下につるしておくだけでつるし柿ができますが、盆地の外の暖かく湿気がある土地では、カビが生え熟して落ちてしまいます。つるし柿はこの「空凍み」が生んだ食べ物で、昔から秩父夜祭の夜店の店頭を賑やかに彩ります。

温暖化の影響なのか、最近は秩父でもつるし柿にカビが生えることもあり、つるし柿に扇風機が必要になってきたそうです。

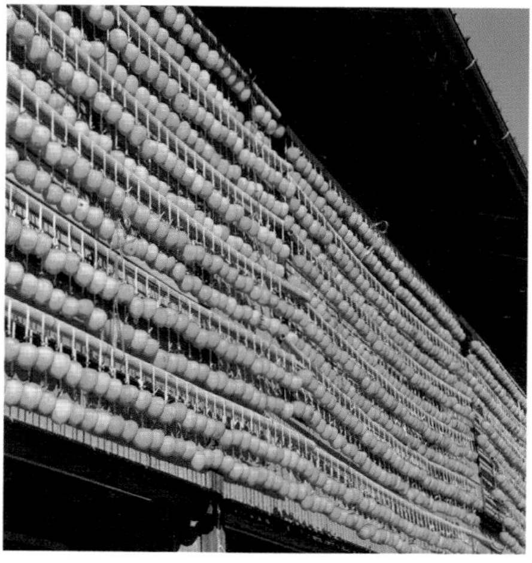

軒下に並ぶつるし柿

険しい地形に残ったカエデの恵み

中生代に生まれた硬い秩父帯・四万十帯の地層（約2億年～約6600万年前）が広がる奥秩父には、長い時間をかけて川に侵食された険しい山々が連なっています。スギやヒノキなどの植林ができなかった急傾斜地には手つかずの天然林が多く残り、土壌の乾湿状態、標高などの諸条件によりモミ、シラビソ、ツガ、天然ヒノキ、イヌブナ、ブナ、シオジ、サワグルミなどが分布しています。中でもカバノキやカエデは紅葉の時季になると急峻な山々を錦に染め、訪れる人の目を楽しませています。

近年、秩父地域ではカエデを活用する取り組みが広がっています。カエデの樹液を煮詰めてつくる国産メープルシロップを使い、新たな特産品のお菓子や飲み物などの製品が開発され、「伐らない林業」として注目を集めています。また、スギ、ヒノキを伐った山にカエデを植える取り組みも進んでいます。

中津峡の紅葉

カエデ樹液採取の様子

カエデ商品

画像提供:お菓子な郷推進協議会

秩父の大地を体感できるアクティビティが登場！

1700万年前の海岸へようこそ！

秩父鉄道の三峰口駅から徒歩5分のところにある白川橋から見た荒川の上流と下流では、まったく景色が変わります。この周辺は秩父山地と盆地の境で、橋の上流側は約２億年〜約1.5億年前の「秩父帯」と呼ばれる硬い地層が広がり、下流側は約1700万年〜約1500万年前の秩父にあった海「古秩父湾」の時代、海底に堆積した軟らかい地層が広がっています。荒川の流れに削られて硬い地層ではＶ字谷を、軟らかい地層では「河成段丘」を形作りました。

約1700万年前、この周辺は古秩父湾の海岸だったのです。古秩父湾では、埼玉の奇獣「パレオパラドキシア」や秩父で発見された新種の「チチブクジラ」などの大型の海獣や魚が悠々と泳ぎ、豊かな海の営みがありました。

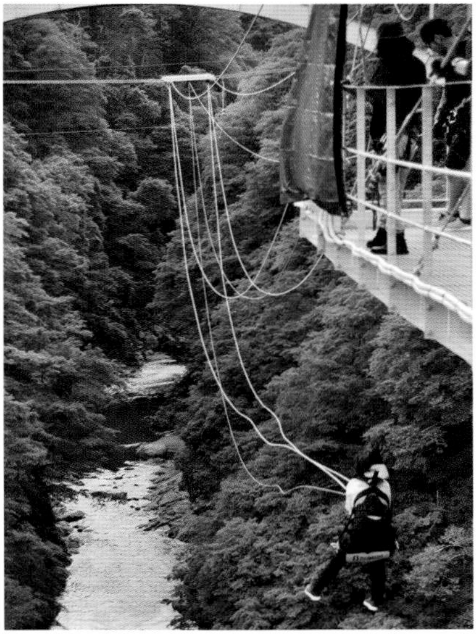

荒川渓谷へダイブ！

空中からジオパークを楽しむ！「秩父ジオグラビティパーク」

平成31年（2019）３月、秩父鉄道の三峰口駅周辺に、新感覚アクティビティ施設「秩父ジオグラビティパーク」がオープンしました。高さ約50m、幅約100mの荒川渓谷の上空で、ハーネスを着けて渡るスリル満点の吊り橋「キャニオンウォーク」、爽快に空を滑空する「キャニオンフライ」（ジップライン）、急降下して川面スレスレを振り子のようにスイングする「キャニオンスイング」（国内初！）、吊り橋から行う「キャニオンバンジー」などのアクティビティを楽しめます。

スリル満点の秩父ジオグラビティパークで、ジオパーク秩父の眺望サイト「三峰口の白川橋」の周りの地形を体感してみてはいかがでしょう。

キャニオンスイング

キャニオンウォーク

江戸時代の発明家、平賀源内のチャレンジ

教科書にも出てくるエレキテルで有名な江戸時代の発明家、平賀源内は、明和2年（1765）に初めて奥秩父の地を踏みます。燃えない布「火浣布（かかんぷ）」の原料となる石綿（アスベスト）を求めて中津川を訪れたのですが、そのときに、当地の金山開発に着目します。

もともと秩父の鉱山開発は、甲斐の武田氏が滅んだ後に甲州からやってきた金山衆（鉱山技術者集団）が金の採集を行ったことに始まると伝えられています。江戸時代初期には中津川で金の富鉱体（価値の高い鉱床）の発見に成功しますが、その後地下水の湛水（たんすい）により断念してしまいます。その130年後、排水工事を試みますが、やはり失敗に終わっています。源内が秩父にやってきたのは、その失敗から25年後のことでした。

平賀源内

火浣布（京都大学付属図書館所蔵）

自然金
画像提供:埼玉県立自然の博物館

源内は中津川に在住して金山を再興しますが、残念ながら金の富鉱体にあたらず、数年で金山は閉山してしまいます。そこで今度は鉄山の開発に移りますが、こちらも時勢に翻弄され突如休山。やむなく鉄山からも手を引くことになります。

並行して運搬のための馬道やその先の舟運を整備していた源内、今度は三峰口（現在の秩父鉄道三峰口駅周辺）で木炭を江戸まで出荷する通商事業（秩父通船）に乗り出します。こちらは大成功！　事業は源内が亡くなるまで続けられ、その後は久那村（現在の秩父市久那）の名主へ引き継がれていきました。

ちなみに鉱山開発はその後、中津川村民が担っていくことになり、銀や鉛などの採掘が明治の初めまで続きました。明治の終わりになると、近代鉱業の幕開けとなります。

第2部

「秩父の大地」を巡る

ジオパーク秩父 全域マップ

ジオパーク秩父では、数ある地質・地形の見どころのうち34か所を代表的な「ジオサイト」として一般的に紹介しています。大地の成り立ちや日本列島の形成がわかる古い岩石や地層をはじめ、長瀞の岩畳のような珍しい変成岩、秩父が海だった時代の痕跡、大地と人の暮らしや信仰との関わりを知ることができる場所が４つのエリア全体に点在しているのが特徴です。その他、「文化・歴史」、「生態」、「眺望」を楽しむサイトや、展示を楽しんだり資料を取得できる「拠点施設」も整備されています。

色分けされた地質区分からわかるように、秩父地域は時代の異なる多様な地質の上に成り立っています（P.6）。秩父の大地に刻まれた３億年をたどる、地球巡礼の旅にでかけましょう。

長瀞・皆野エリア
吉田・小鹿野
両神エリア
秩父・横瀬エリア
武
山
地
外
秩
父
山
地
城峯山
野上下郷石塔婆
寛保洪水位磨崖標
ひぐち
長瀞町役場
15 高砂橋下流の雁行脈
のがみ
16 蓬莱島
長瀞町郷土資料館
ながとろ
宝登山山頂展望台
17 岩畳と秩父赤壁
札所34番水潜寺の
石灰岩体
23
22
埼玉県立自然の博物館
井戸破崩と明治の旧道
18 虎岩
紅簾石片岩とポットホール
19
秩父鉄道荒川橋梁
栗谷瀬橋の蛇紋岩 20
秩父華厳の滝の
メランジュ
おやはな
みなの
破風山山頂の展望
21
皆野町役場
前原の不整合
美の山インフォメーションセンター
美の山展望台
秩父市役所
吉田総合支所
子ノ神の滝
白砂公園の白沙砂岩層
24
25
1 出牛-黒谷断層・和銅遺跡
わどうくろや
毘沙門水
倉尾ふるさと館
140
26 取方の大露頭
30 札所31番観音院と
岩殿沢石
32
旹本沢の礫岩
四季の道小鹿野展望台
藤六の海底地すべり跡
札所19番龍石寺の
角礫質砂岩
31
27
ようばけ
犬木の不整合
旧寿旅館
おがの化石館
28
3
おおのはら
札所4番金昌寺の
礫岩層と石仏群
小鹿野町役場
小鹿野庁舎
小鹿野町役場
両神庁舎
秩父神社 柞の森
2
4
宮地の低位段丘と
妙見七つ井戸
秩父ミューズパーク展望台
6
29
ちちぶ
札所32番法性寺の
お船岩とタフォニ
秩父市役所と
秩父市歴史文化伝承館
寺坂棚田・寺坂遺跡
丸山山頂展望台
堂上のセツブンソウ自生地
せいぶちちぶ
8 新田橋の礫岩露頭
秩父農工高等学校跡
よこぜ
横瀬町歴史民俗資料館
5
秩父観光情報館
羊山公園
横瀬町役場
299
若御子断層洞
三峰口の白川橋
秩父市役所
荒川総合支所
かげもり
秩父市役所
大滝総合支所
札所28番橋立堂の
石灰岩体と橋立鍾乳洞
7
みつみねぐち
山里自然館
9
ぶしゅう
なかがわ
大滝歴史民俗資料館
武甲山
安谷川マンガン採掘抗 10
浦山ダム
神庭洞窟
12
明ヶ指のたまご水と大カツラ 11
13
浦山ダム防災資料館「うららぴあ」
大達原の石灰岩岩壁と
手掘トンネル
三峯神社
三峰ビジターセンター
妙法ヶ岳
白岩山
地
山
雲取山
0
5
10km

※本書内の全域・エリア地図は、電子地形図25000（国土地理院）をもとに作成しています

秩父・横瀬エリア

　秩父の市街地は、かつて古秩父湾の海底で堆積した新生代の地層を荒川が長い時間をかけて削った河成段丘の上に広がっています。段丘は、川原であった時代別に、高位（約50万年前）・中位（約13万年前）・低位（約7万年前以降）の３つに大きく分かれています。市街地の東から横瀬町には三波川帯の比較的なだらかな外秩父山地が連なりますが、市街地の南には秩父帯の硬い岩石からなる奥秩父山地が続き、石灰岩と緑色岩からなる武甲山が秩父を支えるランドマークとしてそびえています。

みなの
皆野大塚IC
秩父小柱IC
聖神社
❶ 出牛-黒谷断層・和銅遺跡
わどうくろや
皆野秩父バイパス(有料)
秩父鉄道
荒川
140
四萬部寺
上時田椋神社
札所19番龍石寺の角礫質砂岩
秩父ミューズパーク展望台
岩之上堂
おおのはら
札所4番金昌寺の礫岩層と石仏群
円福寺
観音寺
真福寺
常泉寺
音楽寺
横瀬川
宮地の低位段丘と妙見七つ井戸
ちちぶ
語歌堂
道の駅ちちぶ
寺坂棚田・寺坂遺跡
おはなばたけ
せいぶちちぶ
新田橋の礫岩露頭
県民の森
法泉寺
羊山公園
卜雲寺
丸山山頂展望台
よこぜ
法長寺
明智寺
横瀬町歴史民俗資料館
道の駅 果樹公園あしがくぼ
西武秩父線
久昌寺
円融寺
かげもり
西善寺
あしがくぼ
299
大渕寺
札所28番橋立堂の石灰岩体と橋立鍾乳洞
らやまぐち
正丸トンネル
武甲山
秩父さくら湖
凡例
❶-❽ ジオサイト
文化・歴史サイト
生態サイト
眺望サイト
拠点施設
札所
浦山渓谷
秩父・横瀬エリア
跡倉層
皆野町
長瀞町
山中白亜系の地層
火成岩(石英閃緑岩)
三波川帯の変成岩
小鹿野町
新生代の地層
秩父帯の地層
横瀬町
四万十帯の地層
秩父市

出牛（じゅうし）-黒谷（くろや）断層・和銅遺跡

基本はコレ！

- 三波川帯と秩父盆地内の地層の間に走る大きな断層「出牛－黒谷断層」が和銅遺跡で観察できる。
- 秩父で見つかった銅が朝廷に献上され、年号が「和銅」になり、日本最初の流通貨幣「和同開珎（わどうかいちん）」がつくられた。
- 当地にある聖（ひじり）神社は、「銭神様」と呼ばれ親しまれている。

アクセス

電　車　秩父鉄道「和銅黒谷駅」から徒歩約20分（和銅採掘露天掘跡まで）
ナビ入力住所　秩父市黒谷2191（聖神社）
駐車場　あり（和銅遺跡見学者駐車場：普通車10台）

近くのサイト・拠点施設

■美の山展望台 → P.123
■美の山インフォメーションセンター → P.127

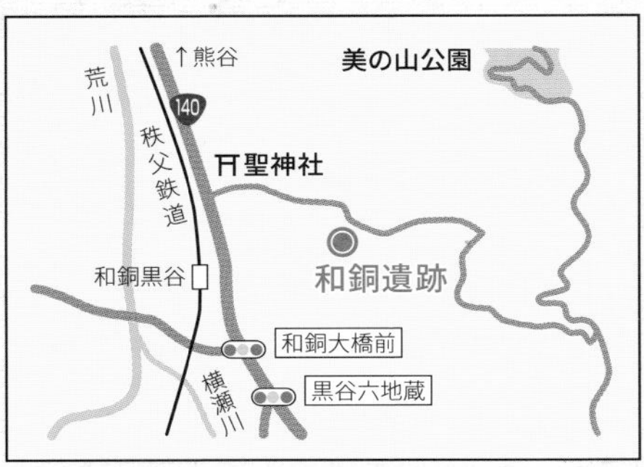

和同開珎モニュメント

平安時代に編纂された『続日本紀』には、「和銅元年(708)春正月(11日)。武蔵国の秩父郡が和銅(にぎあかがね・自然銅)を献じた」とあります。1300余年前、平城京遷都の直前、日本史に初めて「秩父」が登場した出来事です。

和銅遺跡は、和銅沢の左岸に見られ、和銅採掘露天掘跡と伝えられている場所です。露天掘跡といわれる溝状の地形は、地質学的には外秩父山地の岩石(約2億年前)と秩父盆地の新第三紀の地層(約1500万年前)との境となっている出牛 - 黒谷断層の破砕帯(断層の動きにより岩石が細かく砕かれた部分が帯状に連続して分布しているところ)です。出牛 - 黒谷断層は、秩父市黒谷から皆野町国神(くにかみ)を経て、金沢(かねざわ)の谷に沿って出牛まで続いている断層です。

現地で見られるのはチャートと砂岩であり、銅を含む地層は存在していません。しかし、銅鉱石は三波川帯の中で何か所も確認され、地元の聖神社には自然銅の塊が奉納されていることからも、銅を含む岩石が風化し、水中に沈殿した自然銅をこの地で採掘した可能性が考えられます。

ちょこっと豆知識　驚きの御神宝はムカデ！？

和銅献上の際、元明天皇から遣わされた勅使によって近くの「祝山」に金山彦命(かなやまひこのみこと。鉱山の神様)が祀られ、その後、和銅元年(708)に現在の地に遷座し、聖神社が創建されたと伝わっています。

この和銅ゆかりの聖神社の宝物庫(非公開)には、慶雲5年(708)に献上したとされる和銅と同等品の大小2個の自然銅、そして元明天皇から賜ったと伝わる雌雄一体の銅製の蜈蚣(ムカデ)などが保管されています。

ここにも行ってみよう！

金山鉱山跡(金山坑)
和銅奉献から800〜1000年後、江戸時代の採銅坑の史跡です。

黒谷の銅製錬所跡
昭和9年(1934)に地元の研究家が発見した、江戸時代の製錬所の史跡です。(秩父市指定史跡)

内田家住宅
秩父地方の養蚕農家の特徴をよく残した17世紀初期の茅葺き屋根の住宅です。(秩父市指定有形文化財)

美の山公園
三波川帯の岩石でできた山。眼下に秩父盆地を見渡せるビューポイントです。

ジオサイト
2

札所4番金昌寺（きんしょうじ）の礫岩層と石仏群

基本はコレ！

- ☑ 奥の院では、三波川帯の蛇紋岩（じゃもんがん）と秩父盆地の礫岩層との「不整合」が見られる。
 2つの地層の間には約5000万年～約7000万年もの時間の隔たりがある。
- ☑ およそ1300体以上にも及ぶ石仏群は、秩父盆地の西隅でとれた「岩殿沢石（いわどのさわいし）」でつくられており、多くの人の手で運ばれたもので「功徳石（くどくいし）」と呼ばれた。

アクセス

バ　ス	西武鉄道「西武秩父駅」から西武観光バス「定峰・皆野駅（三沢経由）ゆき」の「金昌寺」下車徒歩約5分
ナビ入力住所	秩父市山田1803
駐車場	あり（普通車10台）

近くのサイト・拠点施設

■ジオサイト8：新田橋の礫岩露頭 → P.66
■寺坂棚田・寺坂遺跡 → P.70
■横瀬町歴史民俗資料館 → P.73

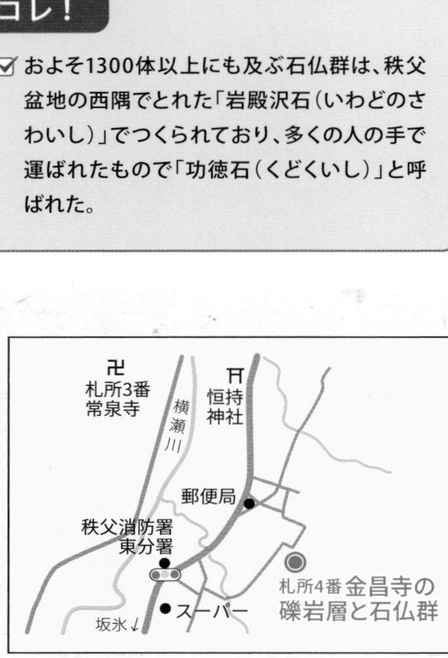

大きなわらじのかかった仁王門をくぐると、およそ1300体以上にも及ぶ表情豊かな石仏が迎えてくれます。この石仏は江戸時代に全国各地から奉納されたもので、寛政元年(1789)、当時の住職が天災などによる犠牲者の供養と寺の興隆のために石造千体仏安置を発願し、7年の歳月をかけて成就したとされています。

特に有名なのは赤ちゃんを膝に抱いて乳を与えている姿の「慈母観音(子育て観音)」で、他にも杯を頭の上に掲げて禁酒を誓った「酒呑地蔵」や、亀に乗った「亀甲地蔵」など他では見られないものがあります。石仏は、秩父盆地北西隅の岩殿沢から切り出された凝灰質砂岩です。この火山灰を含む細粒砂岩は、均質で割れにくく、刻みやすく、「岩殿沢石」と呼ばれ、大正時代のころまで、秩父地域でよく石材として使われていたものです。また、切り出された石材は道端に置かれ、少しでも運べばご利益がある「功徳石」として、盆地の西から東まで大勢の人の手によって運ばれました。

石仏群

左の坂を上ると奥の院があります。この崖では、下部に三波川帯の蛇紋岩(約8500万年～約6600万年前)、上部に秩父盆地内の礫岩層(約1500万年前頃)が見られます。

このように両者の間に大きな時間の隔たりがある関係を「不整合」といいます。ここでは、山地の岩石(蛇紋岩)と盆地の地層(礫岩層)とが接しています。地形的にみても、この寺は山地と盆地の境界に位置しています。

ちょこっと豆知識　慈母観音はマリア様？

慈母観音は、子育て観音の別名を持つほかに、「マリア観音」とも呼ばれることがあります。ふくよかで慈愛にあふれたお姿が、聖母マリアの聖母子像になぞらえられていると伝わっており、観音像の台座の蓮の葉にある蛙は「ミカエル」にちなんでいるとも。

真相は時のかなたに隠されたままですが、さまざまな想像がかき立てられる、魅力的な観音像です。

札所19番龍石寺(りゅうせきじ)の角礫質砂岩

基本はコレ！

- 観音堂が建つ岩盤は、約1500万年前に上昇した外秩父山地（東に3km離れている）から流れ込んできた角礫質砂岩。
- 境内の岩には、ここがかつて荒川の河床だったころにつくられた「ポットホール」がある。
- 昔むかし、たいへんな干魃(かんばつ)があった年、弘法大師（空海）の祈りによって岩が割れて竜が現れ、大雨を降らせて村を飢饉から救ったとの伝説がある。

アクセス

バス	西武鉄道「西武秩父駅」または秩父鉄道「秩父駅」から西武観光バス「小鹿野車庫ゆき」または「栗尾ゆき」の「秩父橋」下車徒歩約10分
電車	秩父鉄道「大野原駅」下車徒歩15分
ナビ入力住所	秩父市大畑町15−31
駐車場	あり（マイクロバス可）

近くのサイト・拠点施設

■ジオサイト4：宮地の低位段丘と妙見七つ井戸 → P.58
■秩父神社 柞の森 → P.68

札所19番飛淵山龍石寺の境内に入ると、周囲よりやや高く露出した砂岩の上に観音堂が建っています。この岩はチャートの角礫を含んだ砂岩です。かつてこの一帯は古秩父湾と呼ばれる海でしたが、約1500万年前に外秩父山地が隆起し、そのとき崩れた大量の土砂が3km離れたこの場所まで流れ込んできました。その後、海中で新たな堆積物に覆われ、硬くなっていきました。

龍石寺お堂

ポットホール

数万年前、荒川が盆地の中を流れるようになると、周りの泥岩は荒川に削られましたが、硬い角礫質砂岩は削り残されて突出した高まりになりました。ここはかつての河床で、境内の岩には川の侵食によってつくられた小さなポットホール（甌穴：おうけつ）があり、激流が岩を洗っていたことがわかります。

江戸時代後期に発行された『観音霊験記』には、たいへんな干魃の年、弘法大師の祈りによってこの地の盤石が割れて現れた竜が大雨を降らせ、飢饉から救ったとあります。民家の間の路地を東側に少し歩くと、水路を隔てて、公園に登る階段のついた斜面（段丘地形の段差の部分）に境内と同じ含礫砂岩が見えます。もとはひと続きであったこれらの岩が割れて、その割れ目にできた水路が激流となった様子を昔の人が竜に例えたのだとしたら面白いですね。ちなみにこの水路は、お堂の建つ岩盤が川原であった2～3万年前に荒川が流れていたところと考えられます。

堂内には本尊のほか閻魔大王をはじめとする十王像など地獄を表すものが祀られています。境内には三途の川の川辺で死者の服をはぎとる奪衣婆（だつえば）の座像が祀られている「三途婆堂」もあり、「子育て婆さん」として、子どもの病気を治してくれるといわれています。

ちょこっと豆知識『観音霊験記』ってなあに？

幕末の安政5年（1858）、午歳総開帳（うまどしそうかいちょう＝札所本尊の総開帳）に合わせ、江戸で作成・販売された錦絵です。二代歌川広重・歌川国貞（三代豊国）の共作で、西国・秩父・坂東の三観音霊場（百観音）を題材に、江戸時代後期の観光の流行に合わせて、各地の札所の由来を観音の霊験とともに紹介し、同時に名所旧跡の景観が描かれています。

※国立国会図書館デジタルコレクションで『観音霊験記』を見ることができます。

ジオサイト
4

宮地の低位段丘と妙見七つ井戸

五の井戸

基本はコレ！

- 市街地が広がる低位段丘群は、約7万年前以降にできたといわれる比較的新しい段丘。
  かつては段丘崖（だんきゅうがい）沿いに湧泉が多く存在し、生活に利用されていた。
- 妙見様が、鎌倉時代（1320年頃）の前に祀られていた場所から今の秩父神社の場所へ渡った通すじとされる湧泉が「妙見七つ井戸」であるとの言い伝えがある。

アクセス

電　車　　　　秩父鉄道「秩父駅」から徒歩圏内
ナビ入力住所　秩父市中宮地町
駐車場　　　　なし（周辺の民間駐車場等をご利用ください）
※個人所有地内での見学は一声お掛けください

近くのサイト・拠点施設

■秩父神社 柞の森 → P.68
■秩父農工高等学校跡（西武秩父駅） → P.69
■秩父市役所と秩父市歴史文化伝承館 → P.72
■秩父観光情報館 → P.73

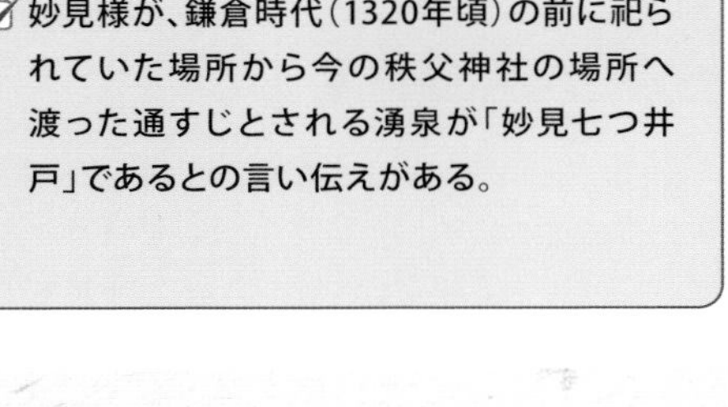

四の井戸

四の井戸近くの祠

秩父の街並みは、急坂（段丘崖）と平らなところ（段丘面）が何段も繰り返し、荒川に向いたひな壇のような地形になっています。このような川の侵食によってできた地形を「河成段丘」といいます。

市街中心部はおよそ9段に分かれた低位段丘群の上にあり、段丘礫層（かつての川原の石）中の伏流水が、段丘崖から湧泉となって流れ出しているところが数多くありました。そのうち宮地地区にあるのが妙見七つ井戸です。

秩父神社に祀られている妙見菩薩（天之御中主神：あめのみなかぬしのかみ）は、はじめは音窪（おとくぼ）という羊山丘陵（中位段丘）の斜面の窪地に祀られ、それが麓の低位段丘面（現在の廣見寺付近。宮地の妙見宮）に移されたと伝えられています。その後、鎌倉時代（1320年頃）に秩父神社に合祀（他の神様と一緒に祀られること）されますが、その際に渡っていった道すじとされる七つの井戸（湧泉）を妙見七つ井戸とする言い伝えがあります（諸説あり）。ちなみに妙見様は北極星や北斗七星を神格化したものといわれています。

現在は枯れて遺構を残すのみの井戸もありますが、古くからいわれのある霊験あらたかなものとして親しまれ、今も水が湧き出ている井戸は人々の暮らしに使われており、地元の人々によって大事に管理されています。

ちょこっと豆知識 妙見七つ井戸の伝説

妙見七つ井戸の伝説には、こんな話も伝わっています。

昔、ここは荒川まで水を汲みに行かなければならない不便な土地で、日照りが続くと、その川さえも渇水し人々は困っていました。ある日、1人の木こりが水をたっぷり含んでいる柳の木を伐ろうとすると、「木を伐らないでくれ」という柳の精の声が聞こえました。その晩、夢枕に美しい女の精が現れ、「私の7人の子どもである小さな柳の根元から水が湧き出ます」と告げました。木こりが柳を探して根元を掘ると清水がこんこんと湧き出し、その後、水飢饉になることはなくなったということです。

ジオサイト
5

羊山公園（中位段丘）

芝桜の丘（開花時期：4月中旬～5月上旬）

基本はコレ！

- 羊山公園は、荒川がつくった中位段丘上にあり、「見晴しの丘」からは秩父市街地と尾田蒔（おだまき）丘陵（高位段丘）、奥秩父の山々が一望できる。
- 戦前、県の緬羊種畜場があり、綿羊を飼育していたことから、一帯を「羊山」と呼ぶようになった。
近年、「芝桜の丘」で有名になった市民の憩いの場。

アクセス

電　車	西武鉄道「西武秩父駅」、「横瀬駅」または秩父鉄道「御花畑駅」から徒歩約20分（芝桜の丘まで）
ナビ入力住所	秩父市大宮6360
駐車場	あり（大型バス可）※羊山公園内

近くのサイト・拠点施設

■秩父神社 杵の森 → P.68
■秩父農工高等学校跡（西武秩父駅）→ P.69
■秩父市役所と秩父市歴史文化伝承館 → P.72
■秩父観光情報館 → P.73

見晴しの丘からの眺め

羊山公園やその北側にある聖地公園に利用されている羊山丘陵は、荒川の侵食によってつくられた河成段丘のうち、約13万年前に形成された中位段丘にあり、厚さ数m～ 20mの羊山礫層と、それを覆う関東ローム層から構成されています。尾田蒔丘陵の北部も中位段丘にあたります。

羊山公園内の北側にある「見晴しの丘」からは、秩父市街地と尾田蒔丘陵（高位段丘）、奥秩父の山々が一望できます。また、園内南側にある「芝桜の丘」には、40万株を超える芝桜が約1万7600㎡にわたって植栽され、秩父の春の人気観光スポットとなっています。園内には他にも見どころが多く、市民の憩いの場として人気です。

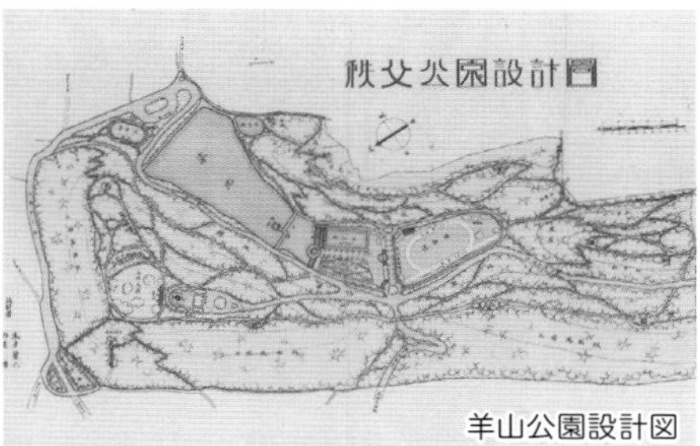

羊山公園設計図

もともと羊山公園は、「日本公園の父」であり日本初の林学博士でもある本多静六博士の設計によって整備されました。博士は日比谷公園や明治神宮の森など多くの公園を設計したことで有名です。昭和11年（1936）の「秩父公園計画概要」（当初、公園の名称を「秩父公園」として計画していた）における設計図では、現在の羊山公園よりも規模が小さいものの、自然を活かした公園が描かれており、見晴しの丘も含まれています。

戦前、当地には埼玉県種畜場秩父分場があり、綿羊を飼育していたことから、一帯を「羊山」と呼ぶようになったようです。公園内にある羊山センターの近くには「埼玉緬羊発祥之地」と刻まれた石碑があります。現在も、芝桜の丘の隣にある「ふれあい牧場」では羊が飼われています。

ここにも行ってみよう！

武甲山資料館

古くからの信仰の山、そして石灰岩採掘の山である武甲山の歴史を今に伝える資料館です。（羊山公園内）

やまとーあーとみゅーじあむ

棟方志功の作品を中心に、ゆかりの作家の絵画や陶芸家の作品を展示する美術館です。（羊山公園内）

ちちぶ銘仙館

秩父織物、銘仙の歴史を学べる施設。昭和5年建造の旧埼玉県秩父工業試験場の建物を活用しています。

西武秩父駅

秩父の玄関口。昭和40年以前は秩父農工高等学校があり、昭和44年の西武秩父線開通に伴い、駅が完成しました。

ジオサイト
6

秩父ミューズパーク展望台（高位段丘）

秩父ミューズパーク展望台からの眺め

基本はコレ！

- ☑ 秩父ミューズパークがある尾田蒔丘陵（長尾根）は、荒川がつくった河成段丘のうち一番古く、約50万年前に形成された高位段丘。
尾田蒔丘陵も羊山丘陵も頂部が平坦になっているが、これはかつて荒川の河床だったから。
- ☑ 最近、展望台は秩父雲海の撮影ポイントの1つとして人気スポットに。

アクセス

バ　ス	西武鉄道「西武秩父駅」または秩父鉄道「秩父駅」から秩父ミューズパーク循環バス「ぐるりん号」で約20分
ナビ入力住所	秩父郡小鹿野町長留2518
駐車場	あり（大型バス可）※秩父ミューズパーク内

近くのサイト・拠点施設

■秩父神社 柞の森 → P.68
■秩父農工高等学校跡（西武秩父駅） → P.69
■秩父市役所と秩父市歴史文化伝承館 → P.72
■秩父観光情報館 → P.73

秩父ミューズパークがある尾田蒔丘陵は、約50万年前に形成された高位段丘で、厚さ数m～30m以上の尾田蒔礫層と、それを覆う関東ローム層が分布しています。

尾田蒔とは、寺尾、田村、蒔田（まいた）の３地区の総称です。また、この丘陵は長い尾根が続いているため「長尾根」とも呼ばれています。頂部が平坦な丘陵になっているのは、かつて荒川の河床であったためです。

美の山から見た尾田蒔丘陵（手前）

スカイロードのイチョウ並木

展望台からは秩父の市街地が一望でき、荒川の段丘地形をよく観察できます。正面に見える丘は中位段丘の羊山丘陵で、その手前にある市街地は、低位段丘群の上に広がっています。盆地を取り囲む山に目をやると、北東側の外秩父山地のなだらかな山肌と、芦ヶ久保（横瀬町）の谷を隔てて南側の険しい奥秩父の山並み、そして秩父のシンボルである武甲山を一望することができます。

現在は、東京から一番近い雲海スポットとして「秩父雲海」が人気です。荒川にかけられた「秩父公園橋」の主塔が雲海から突き出た幻想的な光景を見られるのが特徴で、かつての古秩父湾の海原を彷彿とさせる雲海が楽しめます。

ここにも行ってみよう！

旅立ちの丘
秩父が生んだ卒業ソング「旅立ちの日に」にちなんだ展望スポット。こちらからの眺めも抜群です。（ミューズパーク内）

MAPLE BASE
秩父のカエデを五感で楽しめる新スポット。秩父産メープルを使ったスイーツなどを堪能できます。（ミューズパーク内）

札所23番 松風山音楽寺
秩父ミューズパークに隣り合った、秩父事件ゆかりのお寺。歌手がヒット祈願に訪れることでも有名です。

秩父公園橋
雲海から頭を出す、秩父のランドマーク。河成段丘の観察スポットとしても絶好の場所です。

ジオサイト
7

札所28番橋立堂の石灰岩体と橋立鍾乳洞
（岩かげ遺跡を含む）

基本はコレ！

- 武甲山の西の端にある石灰岩の岩壁。約2億年前、5000km以上も離れた南洋の火山島の周りに成長したサンゴ礁が、海洋プレートとともに移動し、海溝で大陸プレートに押し付けられた。その後、次々押し付けられる付加体によって押し上げられた。
- 岩壁の下部は秩父市指定史跡「岩かげ遺跡」で、縄文時代のはじめから古代人の生活の場であった。この岩壁を背にして、札所28番石龍山橋立堂がある。
- 橋立鍾乳洞は県内唯一の観光洞で縦穴型は珍しい。宮沢賢治も立ち寄っている。

アクセス

電　車	秩父鉄道「浦山口駅」から徒歩約15分
バ　ス	西武鉄道「西武秩父駅」から西武観光バス「花見の里循環（影森先回り）」の「浦山口」下車 徒歩約15分
ナビ入力住所	秩父市上影森675
駐車場	あり（大型バスは有料駐車場のみ）

※鍾乳洞は12月中旬～2月末まで冬季閉鎖

近くのサイト・拠点施設

■ジオサイト9：若御子断層洞 → P.76
■浦山ダム→ P.93
■浦山ダム防災資料館「うららぴあ」→ P.97

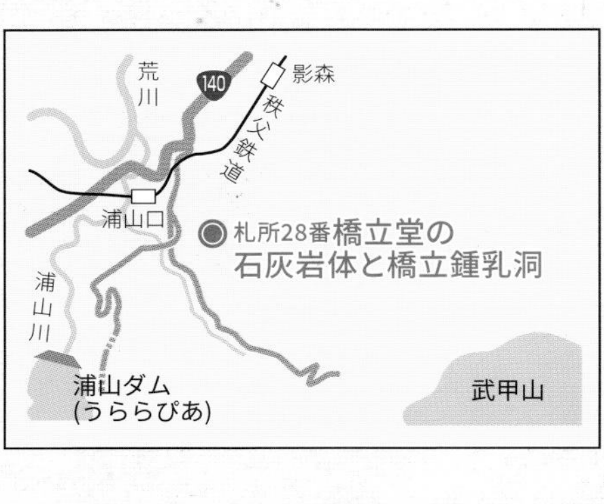

札所28番石龍山橋立堂は、武甲山の石灰岩体の西の端に位置し、南向きの高さ約75mの大岩壁の下には、黒っぽい緑色岩が露出し、そこに観音堂が建っています。

橋立鍾乳洞

武甲山は、約2億年前、5000km以上も離れた南洋で、ハワイのような火山島として誕生しました。火山活動が終わると、島の上部は波で侵食され、サンゴ礁が成長しました。サンゴ礁（石灰岩）を乗せた海山（玄武岩が変質した緑色岩）は、プレートの動きによって運ばれてきました。海溝までくると、沈み込む海洋プレートから剥がされて、陸から海へ流れ込んだ砂や泥などとともに、約1.5億年前に大陸プレートに押し付けられて「付加体」となりました。その後、次々と付け加わる付加体に押し上げられて、石灰岩と緑色岩からなる武甲山が形成されたと考えられます。

橋立鍾乳洞は、県内唯一の観光洞であり、国内でも珍しい縦穴型の鍾乳洞です。急傾斜の割れ目に沿って地下水が浸透し、石灰岩が溶けてできた空洞が鍾乳洞（石灰洞）になりました。見学路の総延長は約140m、一番低い地点から高い地点までの高低差は約30mあります。鍾乳石や石筍（せきじゅん）、石柱などの洞窟生成物には、昔から「弘法の後ろ姿」や「下り龍の頭」などの名前が付いています。

また、切り立った岩壁の下はえぐられた形になっており、数万年前に橋立川の侵食によって形成されたと考えられています。ここからは縄文時代草創期から古墳時代の遺跡が発掘されており、さらに押型文の土器片・貝飾りのほか弥生土器等も発見され、秩父市指定史跡の「岩かげ遺跡」となっています。

ちょこっと豆知識 石になった龍のはなし

当地には札所28番石龍山橋立堂がありますが、江戸時代に流行した『観音霊験記』にはこんな逸話が書かれています。

「昔、この村の領主の郡司が悪竜になって人や馬を喰うので、村人がこの堂に祈念したところ、御堂の中から白馬が出てきて、この竜に呑まれ、ついにその悪竜は悟りを得て、洞内の石となった」

鍾乳洞内の洞窟生成物を、昔の人は石になった竜の姿に重ねたのでしょう。

ジオサイト
8

<ruby>新田橋</ruby>の礫岩露頭

あらたばし

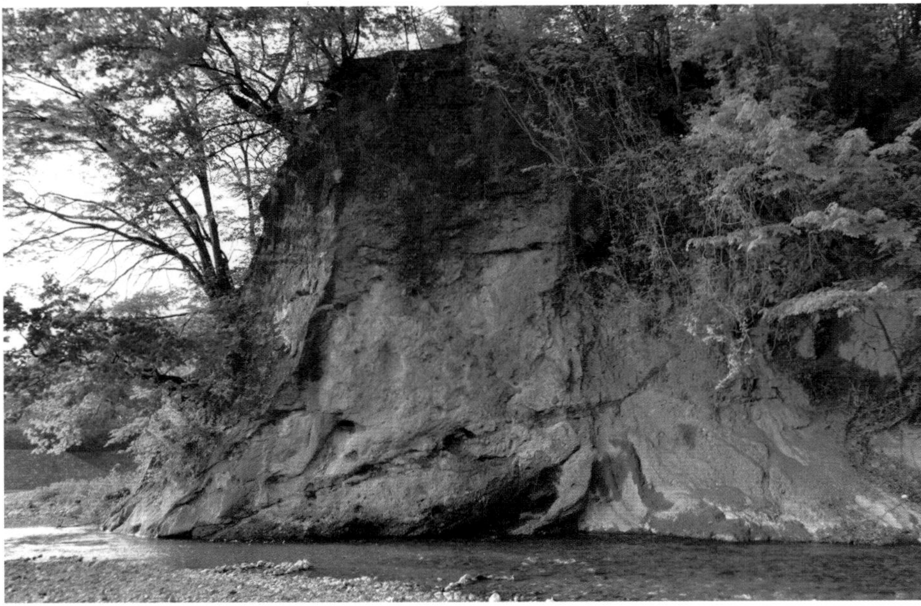

基本はコレ！

- ☑ 約1700万年～約1500万年前まで現在の秩父盆地内に存在した古秩父湾の消滅を告げる場所。
国の天然記念物に指定されている。
- ☑ 古秩父湾は、東側に隆起してできた陸地から崩れた角礫などで埋積され、消滅した。
この露頭で見られる礫は、海岸の崖から崩れてすぐ堆積したため大きさが不揃いで、角ばっている。

アクセス

電　車	西武鉄道「横瀬駅」から徒歩約10分
バ　ス	西武鉄道「西武秩父駅」または秩父鉄道「秩父駅」から西武観光バス「根古屋・長渕・松枝ゆき」の「横瀬公民館前」下車徒歩約4分
ナビ入力住所	秩父郡横瀬町横瀬2035（現地付近）
駐車場	あり（普通車約30台）

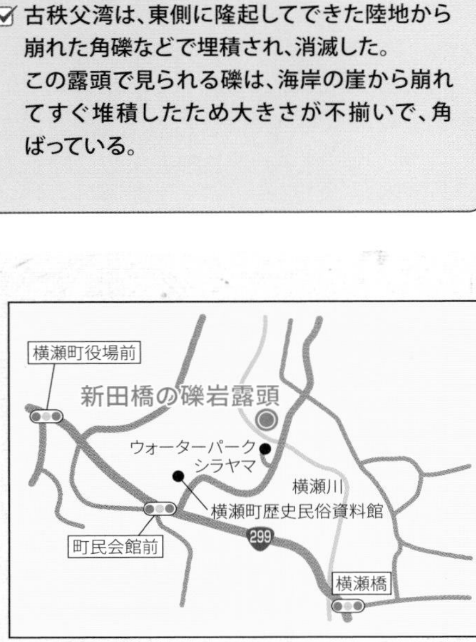

近くのサイト・拠点施設

■ジオサイト5：羊山公園（中位段丘）→ P.60
■寺坂棚田・寺坂遺跡 → P.70
■横瀬町歴史民俗資料館 → P.73

横瀬町にある親水公園「ウォーターパークシラヤマ」内に新田橋の礫岩露頭はあります。この公園は横瀬川沿いに整備されており、夏になると川遊び客で賑わう憩いの場です。横瀬川の右岸にある礫岩露頭は、川をはさんだ対岸から観察することができます。

礫岩露頭と横瀬川

およそ1500万年前、現在の外秩父山地にあたる場所が隆起し、古秩父湾の東側に陸地が現れ、その海岸には波の侵食により崖ができました。湾の東岸の海には、崖から崩れた不揃いで角ばった礫が流れてきて堆積しました。これが新田橋の礫岩です。

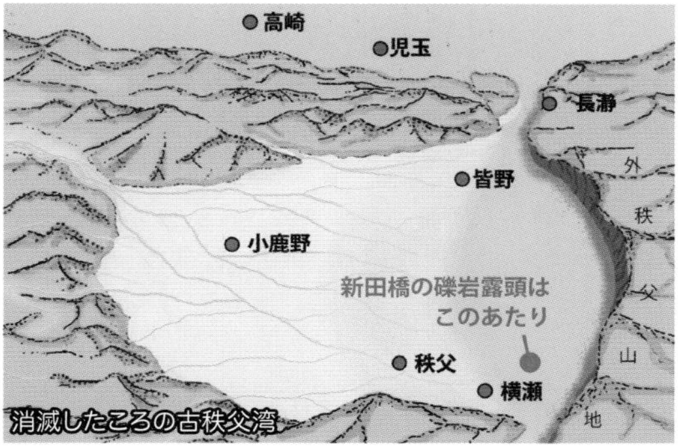

消滅したころの古秩父湾

画像提供：埼玉県立自然の博物館

海中を土石流のように流れてきたため、角が立っていたり、巨大なものがあったりします。露頭を観察すると、地層が南西方向（向かって左側）へ傾いているのがわかります。非常に急な角度で傾いているのは、盆地の東側の山々の隆起により激しい地殻変動が起こったためと考えられます。

また、対岸の新田橋の上流にも礫岩が見られ、新田橋の礫岩露頭の礫岩層とつながっていることがわかります。

ちょこっと豆知識　寛保の大洪水で変わった横瀬川の流路

今は新田橋の礫岩露頭の目の前を流れる横瀬川ですが、江戸時代半ばまでは大きく蛇行しており、今の横瀬橋から町役場の南、そして町民会館の駐車場あたりを流れていました。寛保2年（1742）、寛保の大洪水として知られる大水の際、新田橋上流を削り込んで流路がショートカットされ、今見られる流路に一変したと伝えられています。大水によって新田橋上流の河床には岩が露出し、両岸は崖になりました。

秩父神社 柞（ははそ）の森

秩父神社の山門

基本はコレ！

- ☑ 秩父三社の1つ。
  県内屈指の古社であり、街なかの中心に位置する秩父地方の総社。
  例大祭である「秩父夜祭」が有名。
- ☑ 鎮守の森である「柞の森」は、かつて広大な規模を誇った宮森の面影を今に伝え、神聖な空間を守っている。

秩父三社の1つである秩父神社は、およそ二千百有余年の歴史を持つ県内屈指の古社です。ユネスコ無形文化遺産になった「秩父夜祭」は秩父神社の例大祭であり、毎年12月2、3日に行われ多くの人で賑わいます。

柞の森

徳川家康の寄進を受けた権現造りの社殿も美しく、「つなぎの龍」、「子育ての虎」などの彫刻は、日光東照宮「眠り猫」で知られる名工・左甚五郎の作と伝わっています。そんな秩父神社の鎮守の森は、古くから「柞の杜（もり）」と呼ばれ、人々に親しまれてきました。

享和2年（1802）に書かれた『秩父大宮妙見宮縁起』にも「柞の杜」とあり、ミズナラの繁茂した神聖な森であったと伝えられています。文化・文政期（1804～1830）に編纂された『新編武蔵風土記稿』秩父郡之十、妙見社の条には「社地1万1484坪」と記され、古くは広大な面積が森であったことがわかっています。「母巣の森」とも記され、かつては県指定天然記念物の鳥「ブッポウソウ」の生息地となっていました。

秩父の中心部にある神社にもかかわらず、今も鎮守の森が周りの雑踏を隔てて神聖な空間を守っています。

アクセス

電　車　西武鉄道「西武秩父駅」から徒歩約15分
または秩父鉄道「秩父駅」から徒歩約3分
ナビ入力住所　秩父市番場町1-3
駐車場　あり
※神社駐車場が満車の場合は近隣の有料駐車場をご利用ください

近くのサイト・拠点施設

■ジオサイト4：宮地の低位段丘と妙見七つ井戸 → P.58
■ジオサイト5：羊山公園（中位段丘） → P.60
■秩父農工高等学校跡（西武秩父駅） → P.69
■秩父市役所と秩父市歴史文化伝承館 → P.72
■秩父観光情報館 → P.73

秩父農工高等学校跡（西武秩父駅）

学校の沿革史の碑

基本はコレ！

- 秩父の玄関口である西武秩父駅。
  昭和44年（1969）の開業以前、当地には秩父農工高等学校（現・秩父農工科学高等学校）があった。
- 駅前のランドマークである大きな落葉針葉樹「ラクウショウ（落羽松）」の下には学校の沿革史の碑があり、台座の岩石には約3億年前のウミユリの化石が見られる。

台座にあるウミユリの化石

秩父農工高（中央）と秩父公園（昭和35年撮影）

西武鉄道「西武秩父駅」には、かつて秩父農工高等学校がありました。現在、秩父市大野原にある「秩父農工科学高等学校」の前身です。駅前のランドマークである大きな落葉針葉樹「ラクウショウ（落羽松）」の下に学校の沿革史の碑がありますが、台座の石は茶色と白の混じりあった独特な石で、茶色い部分が火山灰が固まった凝灰岩、白い部分がサンゴ礁が起源の石灰岩です。ところどころに約3億年前のウミユリの化石も見られます。

明治以降、秩父の未来を担う産業人たちを育成してきた学びの地が、昭和44年（1969）、秩父と東京とを結ぶ鉄道の駅に生まれ変わったことは、秩父の主要産業がその後観光業へとシフトしていく象徴的な出来事であったように思われます。

アクセス

電　車　　西武鉄道「西武秩父駅」
ナビ入力住所　秩父市野坂町1-16-15
駐車場　　あり（有料）

近くのサイト・拠点施設

■ジオサイト5：羊山公園（中位段丘）→ P.60
■秩父神社 杵の森 → P.68
■秩父市役所と秩父市歴史文化伝承館 → P.72

寺坂棚田・寺坂遺跡

てらさかたなだ

寺坂棚田

基本はコレ！

- ☑ 寺坂棚田は、高篠（たかしの）山から流れる曽沢（そざわ）川沿いの河成段丘にある、埼玉県下では最大の棚田。
  武甲山を背景にのどかな田園風景が広がり、近年は夏に行われる「ホタルかがり火まつり」での幻想的な光景が有名になった。
- ☑ 太古の昔から人々が暮らし、縄文時代の遺跡が見つかっている。

ホタルかがり火まつり

横瀬町町民会館の脇を丸山林道に向かうと、南に面した斜面に約330枚の棚田があります。ここは太古から人々が暮らし、縄文時代の遺跡が見つかっています。高篠山から流れ出る曽沢川の水を引き、武甲山を背景にゆるやかな傾斜地に広がる水田は、心癒す風景をつくりだしています。寺坂棚田は曽沢川・横瀬川に沿った河成段丘で、上部の標高は羊山と同じ約270m、下部は低位段丘の市街地と同じ高さです。荒川と違い奥秩父からの砂礫が運ばれてこない横瀬川の流域には泥質の土がたまり、水田に向いた土壌となりました。

曽沢川上流の高篠山は、海洋プレートや海底の火山活動でつくられた溶岩などが変成を受けてできた御荷鉾緑色岩類（みかぶりょくしょくがんるい）からできています。

棚田からは、縄文遺跡が見つかり、御荷鉾緑色岩を材料にして磨かれた石斧が出土しています。また、稲作の開始は鎌倉時代と考えられています。詳しくは横瀬町歴史民俗資料館で学ぶことができます。

アクセス

電　車	西武秩父線「横瀬駅」下車徒歩約15分
ナビ入力住所	秩父郡横瀬町横瀬1854（現地付近）
駐車場	あり（大型バス可）

近くのサイト・拠点施設

■ジオサイト2：札所4番金昌寺の礫岩層と石仏群 → P.54
■ジオサイト8：新田橋の礫岩露頭 → P.66
■丸山山頂展望台 → P.71
■横瀬町歴史民俗資料館 → P.73

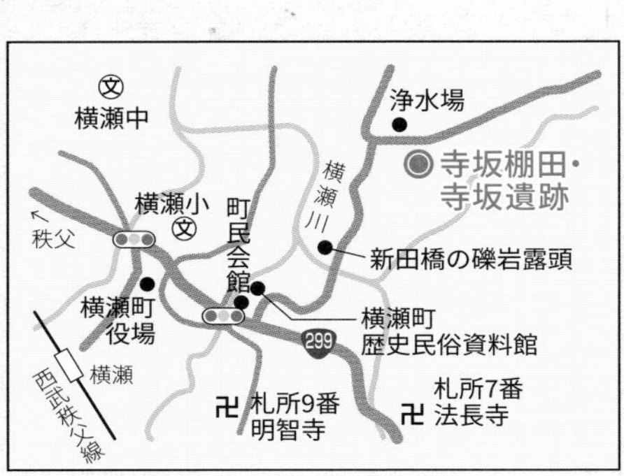

丸山山頂展望台

丸山山頂展望台からの眺め

基本はコレ！

- ☑ 横瀬町の丸山にある展望台。
  秩父盆地と秩父連山を一望でき、天気がよければ八ヶ岳や富士山を望むこともできる。
  「外秩父丸山の眺望」として県指定名勝になっている。
- ☑ 周辺は「県民の森」として整備され、自然体験・学習を楽しめるほか、ハイキング客も多い人気スポット。

横瀬町の芦ヶ久保駅北東に位置する丸山(960m)にある展望台です。大パノラマを楽しむことができ、隠れた絶景ポイントともいえます。丸山までは遊歩道も整備され、ハイキングが楽しめ、危険な箇所もないため初心者でも安心して登れます。

丸山山頂展望台

外秩父山地の風化に弱くなだらかな地形の三波川帯にあって、丸山の山頂付近はやや硬い御荷鉾緑色岩類の火山噴出物が分布していて、突出しています。展望台から秩父方向を見ると、秩父盆地と秩父連山を一望できます。武甲山と盆地を取り巻く山々の位置関係を知るには最適な場所です。ここから見る両神山は迫力があり、天気がよければ、八ヶ岳や富士山なども望めます。地形の観察に適していることから学術的、教育的価値が評価され、「外秩父丸山の眺望」として県指定名勝にもなっています。

アクセス

電車・徒歩	西武鉄道「芦ヶ久保駅」から徒歩約1時間30分（ハイキングコース利用時）
ナビ入力住所	秩父郡横瀬町芦ヶ久保字丸山北平896
駐車場	あり（大型バス可）

近くのサイト・拠点施設

■ジオサイト8：新田橋の礫岩露頭 → P.66
■寺坂棚田・寺坂遺跡 → P.70

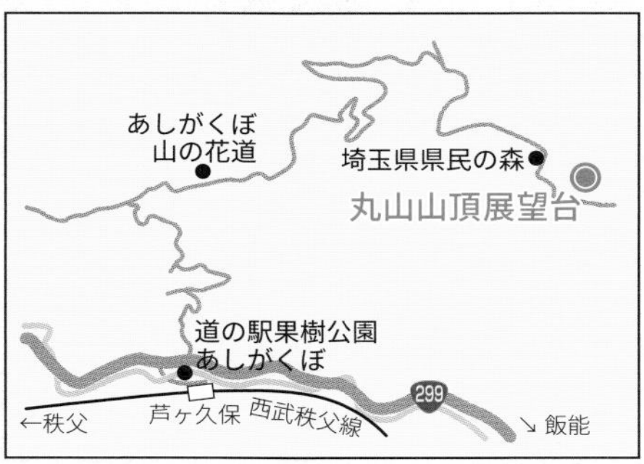

まずはココ！

秩父市役所と秩父市歴史文化伝承館

秩父市役所１階エントランスと、隣接する秩父市歴史文化伝承館１階交流フロアには、ジオパーク秩父の展示コーナーがあり、地域で見られる主な岩石や、発掘された化石を紹介しています。西武秩父駅や御花畑駅を降りたらこちらにまず立ち寄って、各種パンフレットや情報を収集しましょう。なお、秩父まるごとジオパーク推進協議会事務局は、市役所から徒歩1分、「秩父ビジネスプラザ」1階にあります。

アクセス

電　車　　西武鉄道「西武秩父駅」から徒歩約3分
　　　　　秩父鉄道「御花畑駅」から徒歩約2分
ナビ入力住所　秩父市熊木町8-15

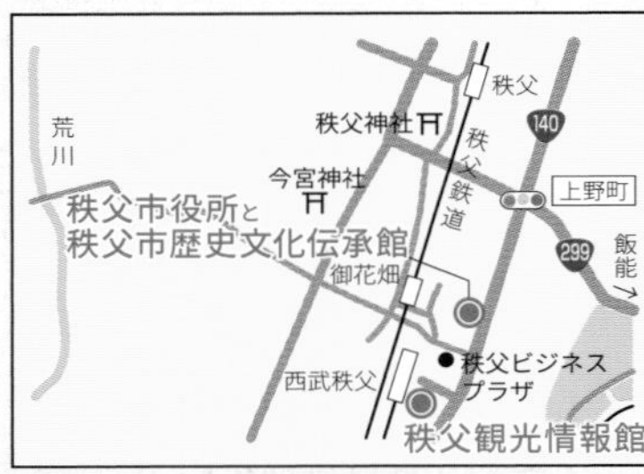

近くのサイト・拠点施設

■ジオサイト5：羊山公園（中位段丘）→ P.60
■秩父神社 柞の森 → P.68
■秩父農工高等学校跡（西武秩父駅）→ P.69
■秩父観光情報館 → P.73

ちょこっと豆知識　市役所隣の秩父公園にある亀の子石

市役所の南側にある秩父公園には鳥居が対になっている不思議な祠があります。

秩父公園は別名「御旅所（おたびしょ）」といい、秩父夜祭の夜、御神幸行列とともに6台の山車が集結し、ここはその際に斎場祭という儀式が行われる神聖な場所です。

御旅所（亀の子石）

秩父夜祭には、秩父神社の女神である妙見様が武甲山の男神と1年に1度逢瀬を交わすという伝説があり、その場所が御旅所です。建物の中心にある通称「亀の子石」は、妙見様が乗る「玄武」という霊獣であり、東の青龍、西の白虎、南の朱雀と並ぶ四神の1つです。

ちなみに、御旅所西側にある急坂「団子坂」は、河成段丘の段丘崖であり、山車がこの急坂を曳き上げられる光景は秩父夜祭のクライマックスとして有名です。

秩父観光情報館

西武秩父駅のロータリーにある観光案内所。秩父地域の観光情報を網羅しています。宿泊情報の案内はもちろん、サイト巡りに便利なレンタサイクルも借りることができます。

アクセス

電　車　　西武鉄道「西武秩父駅」駅前ロータリー内
ナビ入力住所　秩父市野坂町1-16-15

近くのサイト・拠点施設

■ジオサイト4：宮地の低位段丘と妙見七つ井戸 → P.58
■ジオサイト5：羊山公園（中位段丘） → P.60
■秩父神社 柞の森 → P.68
■秩父農工高等学校跡（西武秩父駅） → P.69

横瀬町歴史民俗資料館

武甲山の頂上にある神社の宮殿（復元）を中心に、県指定文化財である横瀬の人形芝居の舞台など、横瀬町の歴史・民俗に関する資料が展示されています。また、武甲山の動植物の標本や、根古屋鍾乳洞から産出した約13万年前のヤベオオツノジカ、野牛、オオカミの化石片など、全国的にも貴重な化石があります。

アクセス

電　車　　西武鉄道「横瀬駅」から徒歩約10分
バ　ス　　西武鉄道「西武秩父駅」または秩父鉄道「秩父駅」から
西武観光バス「根古屋・長渕・松枝ゆき」の「横瀬公民館前」下車徒歩約3分
ナビ入力住所　秩父郡横瀬町横瀬2000

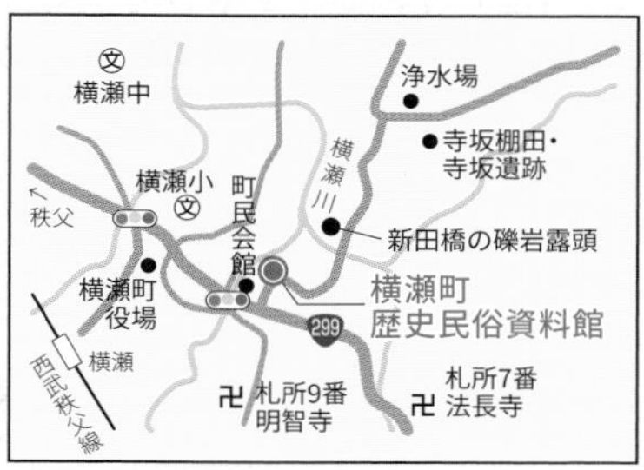

近くのサイト・拠点施設

■ジオサイト5：羊山公園（中位段丘） → P.60
■ジオサイト8：新田橋の礫岩露頭 → P.66
■寺坂棚田・寺坂遺跡 → P.70
■丸山山頂展望台 → P.71

ここにも行ってみよう！

秩父まつり会館

昭和の名工がつくった絢爛豪華な笠鉾、屋台の展示のほか、プロジェクションマッピング、３Ｄシアターでは音と映像で祭りを体感できます。

秩父神社

秩父地域の総社であり、秩父三社の1つ。徳川家康が寄進した権現造りの社殿が美しい。例大祭は有名な秩父夜祭。

ちちぶ銘仙館

秩父織物、銘仙の歴史を学べる施設。昭和5年（1930）建造の旧埼玉県秩父工業試験場の建物を活用しています。

武甲山資料館

古くからの信仰の山、そして石灰岩採掘の山である武甲山の歴史を今に伝える資料館で、羊山公園内にあります。

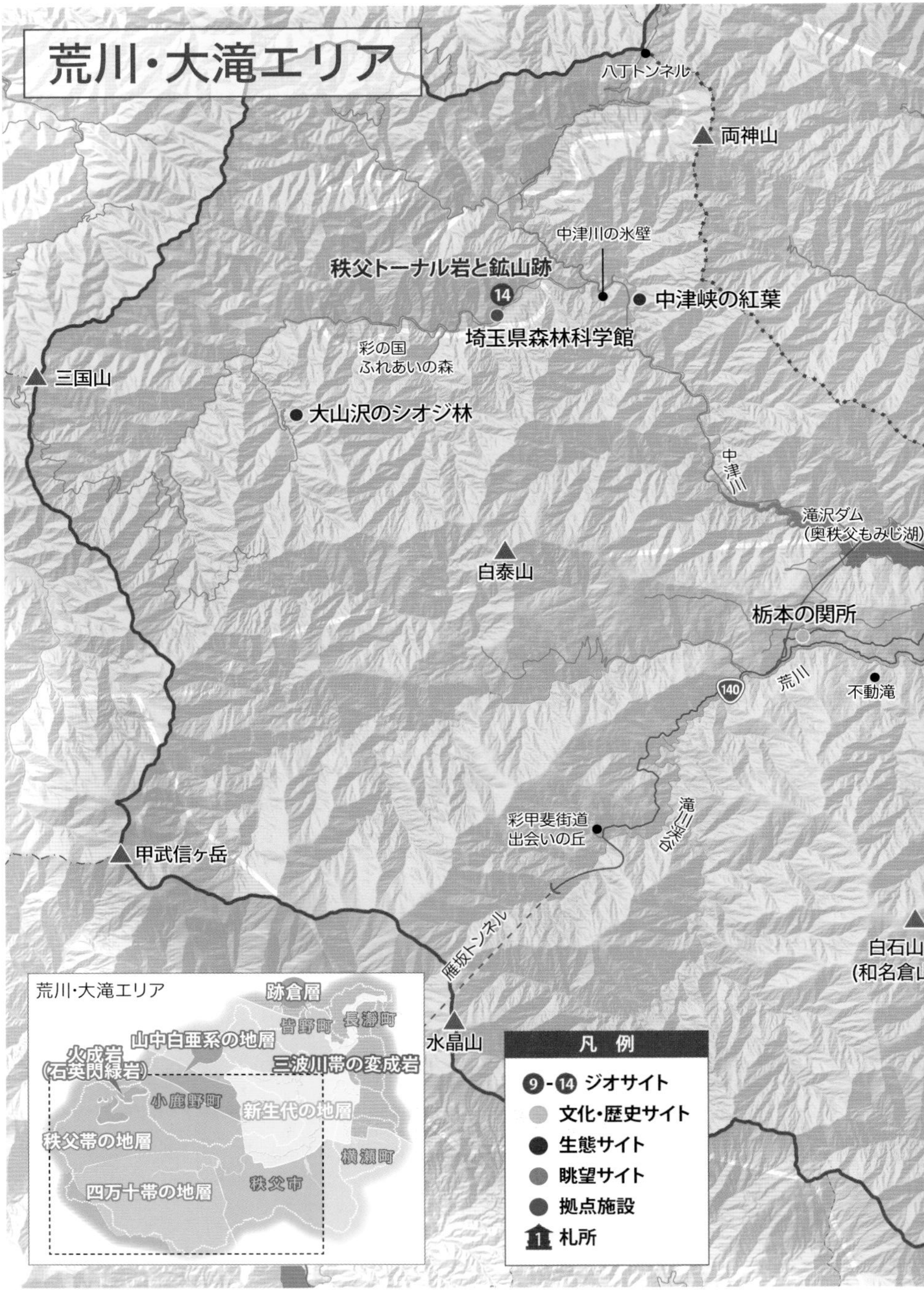
荒川・大滝エリア
八丁トンネル
両神山
中津川の氷壁
秩父トーナル岩と鉱山跡
14
中津峡の紅葉
埼玉県森林科学館
彩の国
ふれあいの森
三国山
大山沢のシオジ林
中津川
滝沢ダム
(奥秩父もみじ湖)
白泰山
栃本の関所
140
荒川
不動滝
滝川渓谷
彩甲斐街道
出会いの丘
甲武信ヶ岳
雁坂トンネル
白石山
(和名倉山
水晶山
荒川・大滝エリア
跡倉層
皆野町
長瀞町
山中白亜系の地層
火成岩
(石英閃緑岩)
三波川帯の変成岩
小鹿野町
新生代の地層
秩父帯の地層
横瀬町
四万十帯の地層
秩父市
凡 例
9-14 ジオサイト
文化・歴史サイト
生態サイト
眺望サイト
拠点施設
1 札所

2005年に秩父市と合併した旧荒川村・旧大滝村は、埼玉県の西端に位置し、奥秩父山地を境に東京都・山梨県・長野県・群馬県と接しています。秩父の市街地から荒川を遡り、三峰口の白川橋付近を過ぎると、なだらかな地形が広がる秩父盆地から一変して急峻な渓谷が続くようになります。下流側は新生代の地層、上流側は秩父帯や四万十帯など古い時代の岩盤が広がる地域です 。また、中津川の上流には約600万年前に上昇してきたマグマが地下で主に石灰岩と接触してできたスカルン鉱床があり、江戸時代から続く秩父鉱山の歴史を有しています。

ジオサイト
9

若御子断層洞（わかみこ だんそうどう）

基本はコレ！

- ☑ 秩父盆地と南側の奥秩父山地との境界をなす断層「日野断層」の一部。
  断層がずれて岩石が砕けたところが水によって洗い流されてできた洞窟。これを「断層洞」という。
- ☑ 断層がずれた際に擦り合わされて磨かれた「鏡肌(かがみはだ)」という箇所があり、線状のすり傷が見られる。
  断層面が直接観察できる場所は珍しい。

アクセス

電　車	秩父鉄道「武州中川駅」から徒歩約15分
バ　ス	西武鉄道「西武秩父駅」または秩父鉄道「秩父駅」から西武観光バス「花見の里ゆき」循環バスの「札所二十九番入口」下車徒歩約15分
ナビ入力住所	秩父市荒川上田野698（若御子神社）
駐車場	なし（周辺の民間駐車場等をご利用ください）

近くのサイト・拠点施設

■ジオサイト10：安谷川マンガン採掘坑 → P.78
■ジオサイト11：明ヶ指のたまご水と大カツラ → P.80
■山里自然館（道の駅あらかわ） → P.96

秩父市荒川上田野（かみたの）の、しだれ桜で有名な清雲寺の隣に若御子神社があります。その境内から急な山道を10分ほど登っていくと、「若御子断層洞」という洞窟があります。（中は立ち入り禁止です）

入口から懐中電灯で照らすと、断層洞の開口部のすぐ正面の岩壁に、テカテカした「断層鏡肌」を観察できます。断層鏡肌は、断層がずれたときに、両側の岩石が擦り合わされて磨かれたもので、表面には線状のすり傷（条線）があります。洞窟はこの断層面に沿って延びています。

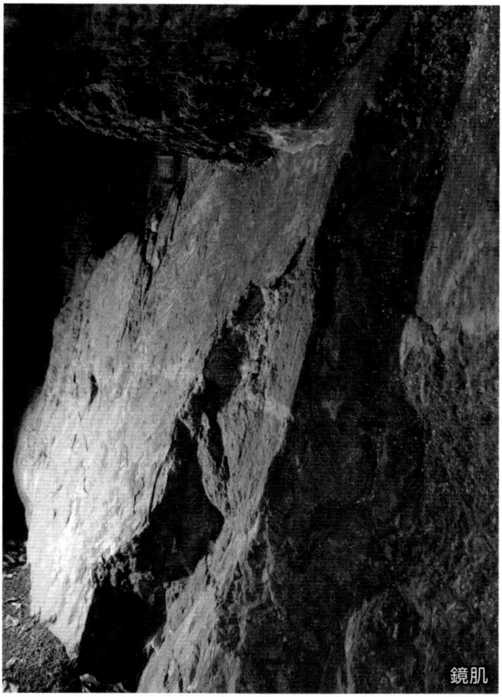

鏡肌

この断層洞は、秩父帯の硬い岩石（チャートなど）が断層の動きによって砕かれてもろくなったところ（断層破砕帯）が、水の流れによって侵食されてできた空洞であると考えられます。1975年の洞窟調査報告書によると、左奥には深さ13mの縦穴があり、両壁には断層面が露出していました。縦穴の底には４～６mの深い池（プール）があり、断層で砕かれた「断層角礫（だんそうかくれき）」の堆積物が見られたそうで、断層洞の特徴をよく表しています。

この断層は秩父盆地と南側の奥秩父山地との境界をなす断層「日野断層」の一部です。若御子断層洞の他にも大小いくつかの断層洞があります。これらは、「若御子断層洞及び断層群」として埼玉県指定天然記念物になっています。

ここにも行ってみよう！

荒川のしだれ桜
若御子断層洞の近くには、清雲寺、札所29番長泉院、昌福寺などのシダレザクラの名所が複数あります。

ちちぶ花見の里
団体予約で名物のそばを味わうことができる施設。春・秋のそばの花見まつり、新そばまつりを開催。

浦山ダム
荒川の支流、浦山川にあるダム。「浦山ダム防災資料館うららぴあ」にはジオパーク秩父の展示があります。

浦山歴史民俗資料館
ダム湖に沈んだ浦山の人々の暮らしを当時の写真や生活用品、農具などの展示で学ぶことができます。

ジオサイト
10

安谷川（あんやがわ）マンガン採掘坑

基本はコレ！

- かつて秩父山地一帯では、秩父帯のチャート中に含まれるマンガンが採掘されていた。
- 一番規模が大きいマンガン鉱山は皆野町日野沢にあったが、安谷川の採掘坑（試掘坑）は比較的アクセスしやすい場所にある。

坑内の様子

アクセス

電　車　　秩父鉄道「武州日野駅」から徒歩約30分
ナビ入力住所　秩父市荒川日野1466-1（現地付近）
駐車場　　なし
※周辺の民地に駐車する場合は必ず管理者の許可を得てください

近くのサイト・拠点施設

■ジオサイト9：若御子断層洞 → P.76
■ジオサイト11：明ヶ指のたまご水と大カツラ → P.80
■山里自然館（道の駅あらかわ） → P.96

安谷川の川原沿いにあります

埼玉県の鉱山の中で、最も数が多いのはマンガン鉱山です。秩父地域から飯能市にかけて、昭和30〜40年代に盛んに採掘されていました。鉱夫が数人の小規模な鉱山が多かった中で、秩父地域で最も規模が大きかったのは皆野町の日野沢鉱山で、数十人の従業員がいたようです。

マンガン鉱床は、秩父帯のチャートや粘板岩などの堆積岩中に存在します。海洋底に堆積したマンガン成分が、マンガン鉱山の基になっていると考えられます。

秩父帯の岩石は、海洋底の火山体や堆積物などが海洋プレートに乗って移動し、ジュラ紀に大陸側に押し付けられた「付加体」からできています。マンガン成分も、その他の堆積物とともにはるか彼方の海洋底から、海洋プレートに乗って運ばれてきたもので、マンガン鉱床は数億年前の深海底からの贈りものともいえます。

マンガン坑は、現在では場所がよくわからなくなっていたり、アクセスしにくい場所が多いのですが、安谷川マンガン坑は比較的わかりやすい場所にあり、気軽に観察できます（落石注意）。

坑内では、層状チャートにはさまれた、厚さ数cm〜十数cmの黒色層が見られ、この層を目的に掘っていたと考えられます。坑道内には無数の細かな白色鉱物が結晶化していますが、鉱山でよく見られる石膏という鉱物です。
※坑口のそばで観察する際は、落石に注意が必要です。

チャートにはさまれた黒色層

坑道内で観察できる石膏の結晶

ちょこっと豆知識　マンガンよもやま話

地球上に存在する元素の中で 12番目に多いのがマンガン（Mn）です。一般的に思いつくのは電池の原料ですが、マンガン単体で金属材料に使われることはなく、鋼材に添加されたり、鉄との合金であるフェロマンガンは鋼材の脱酸素剤・脱硫黄剤にも使われます。日本では戦前から各地で鉱山が存在していましたが、昭和36年（1961）の鉱物資源の輸入自由化のあおりを受けて、1970年代にはすべての鉱山が閉山しました。現在、マンガン鉱石はすべて国外から輸入しており、中国、南アフリカとオーストラリアなどが主な生産地です。

ジオサイト
11

明ヶ指（みょうがさす）のたまご水と大カツラ

明ヶ指の大カツラ

基本はコレ！

- ☑ 温泉のような臭いがする「たまご水」は、秩父盆地の周りの断層に沿った箇所で複数ある硫黄泉の1つ。
昔の人は養生のために飲んだり、お風呂に入れたという。
- ☑ 安谷川(あんやがわ)の渓流にある明ヶ指の大カツラは、県内トップクラスのカツラの巨木で、幹周り11m、樹高30m、樹齢は約450年といわれる。

アクセス

電　車　　　　秩父鉄道「武州日野駅」から徒歩約40分
ナビ入力住所 秩父市荒川上田野2568（現地付近）
※現地まで車で行くことはできませんので場所の目安としてください
駐車場　　　　なし
※周辺の民地に駐車する場合は必ず管理者の許可を得てください

近くのサイト・拠点施設

■ジオサイト9：若御子断層洞 → P.76
■ジオサイト10：安谷川マンガン採掘坑 → P.78
■山里自然館（道の駅あらかわ） → P.96

秩父盆地縁辺の断層沿いの谷のところどころに、たまご水といわれる硫黄泉やアルカリ泉があります。古くから盆地東縁の和銅鉱泉、不動の湯、新木の湯（現・新木鉱泉）、南縁にはかつて鳩の湯、鹿の湯などが知られ、巡礼の宿にもなっていました。明ヶ指のたまご水は硫化水素の臭いがあり、白い沈殿物（湯の花）が見られます。

アルカリ泉で、安谷川沿いの断層から湧出するものとみられます。昔の人は、養生のために泉の水を飲んだり、お風呂に入れたそうで、そのための湯治場もあったといいます。
※水質が不明のため飲用しないでください。

たまご水

宮殿のような株立ちは迫力満点

たまご水の30mほどの上流には、幹周り11m、樹高30m、樹齢は約450年といわれる県内トップクラスの大きさを誇るカツラの大木があります。カツラの木は秩父地域の渓流沿いにもよく見られ、葉はハート型で、秋には黄色に色づきます。安谷川の清流のほとりに佇む明ヶ指の大カツラ、神々しいほどの巨木に圧倒されます。

ちょこっと豆知識 県内 No.1 大カツラはどこに？

県内で一番大きなカツラの木は、秩父市中津川渓谷の奥地、国有林の中にある「西沢（金蔵沢：きんぞうさわ）の大カツラ」です。幹周り13m、樹高35mで、樹齢は約600年といわれています。

彩の国ふれあいの森から出発、林道をたどって徒歩で約2時間の本格的な登山の末に出会う大木には感動を覚えますが、いざ行くのは大変！　時間に余裕がない方は、秩父市内中心部から比較的近い明ヶ指の大カツラがおすすめです。

ジオサイト
12

大達原（おおだはら）の石灰岩岩壁と手掘（てぼり）トンネル

基本はコレ！

- ☑ 秩父市の大滝地区の入口にあたる当地は、秩父帯の硬い地層に点在する石灰岩体が険しい地形をつくり、人々の往来を妨げている。ここには、明治中期に石灰岩体を掘った手掘トンネルがある。
- ☑ 長さ約40m、高さ4.8mもある大規模なトンネルで、大正10年（1921）に国道（現在の140号）ができるまでは三峯神社への参詣道として重要な役割を果たした。

アクセス

バ　ス　　秩父鉄道「三峰口駅」から西武観光バス「中津川ゆき」または「大滝老人福祉センターゆき」の「大達原」下車徒歩約15分

ナビ入力住所　秩父市大滝529（大達原高札場付近）

駐車場　　あり（大達原稲荷神社駐車場）

※詳しくは大滝総合支所地域振興課へお問い合わせください

近くのサイト・拠点施設

■ジオサイト13：神庭洞窟（神庭鍾乳洞を含む）→ P.84
■三峰口の白川橋 → P.94
■大滝歴史民俗資料館（道の駅大滝温泉）→ P.97

国道140号線は、秩父鉄道「三峰口」駅近くの白川橋から秩父帯の険しい山地に入り、道は狭い谷沿いを進みます。古くからの街道である「秩父往還」は、かつては秩父市大滝の強石(こわいし)の手前の白滝橋から川沿いを離れて杉ノ峠を越え、落合に向かっていました。

強石という地名は、硬い岩石から付けられたものと想像できます。秩父帯では硬く緻密なチャートや石灰岩が分布し、険しい地形をつくっています。

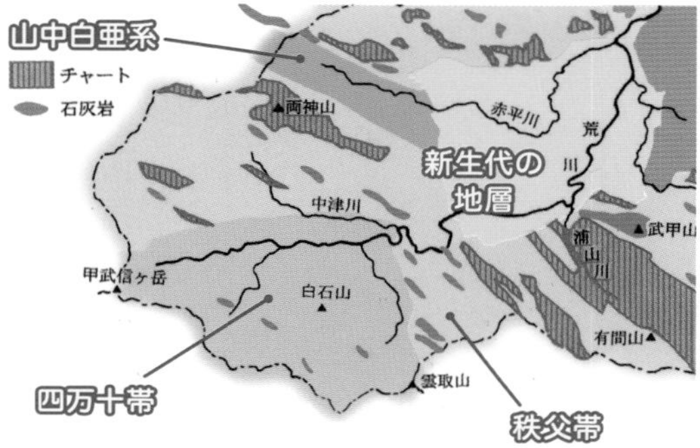

埼玉県立自然史博物館『未来に残したい大地の神秘』(2001)の図を基に作成

強石から三峯神社へ向かうかつての「三峰街道」には、大達原の手前に、石灰岩をくりぬいたトンネルがあります。馬車を通すために明治中期以後に人力で掘ったものです。「何寸掘れば何銭」というように日当を払ったようで、どこから入ったかわからない荒くれ人夫を使うのに苦労したと伝えられています。幅3.45m、高さ4.8m、長さ40.5mもあり、その大きさに驚かされます。トンネルの東側を出ると、目の前に巨大な石灰岩の岩壁が現れ、迫力満点です。

今は人も通らずひっそりとしていますが、大正の初めのころは三峯神社への参拝客で賑わったそうです。大正5年(1916)に秩父を巡検した宮沢賢治も、このトンネルを通って三峯神社へ向かったものと思われます。大正10年、荒川沿いに国道(現在の140号)が開通するまでは参道として重要な役割を果たしました。ちなみに国道も巨大な石灰岩体をくりぬいてトンネルを通しています。

手掘トンネル

ちょこっと豆知識 平将門伝説の残る大達原

大達原は平将門の伝説が数多く残っている場所です。大達原稲荷神社には平将門が祀られており、その昔は将門八幡といわれていたそうですが、時代を経てお稲荷さんになったとか。かつては、将門もしくは将門の娘・如蔵尼(にょぞうに)が創建したとされる「大達山円通寺」があったとも伝わっています。また、大達原の集落のまん中には、文久年間(1861〜1864)に建てられた「大達原高札場」(埼玉県指定史跡、復元)があります。

神庭洞窟（神庭鍾乳洞を含む）

かにわ

国道140号側から洞窟を望む

基本はコレ！

- 石灰岩の岩壁にある洞窟で、洞窟部分は約5万年前に荒川の流れで侵食されてできたもの。
- 縄文時代から人々が移り住み、ときには住まいとして、ときには狩猟キャンプ地として使われてきたとみられ、多くの土器や動物の骨などが発掘されている。
埼玉県指定史跡。

アクセス

バス	秩父鉄道「三峰口駅」から西武観光バス「中津川ゆき」または「大滝老人福祉センターゆき」の「岡本」下車徒歩約15分
ナビ入力住所	秩父市大滝790-1（秩父市大滝神庭交流広場） ※駐車場から現地まで徒歩約15分です
駐車場	あり（秩父市大滝神庭交流広場）

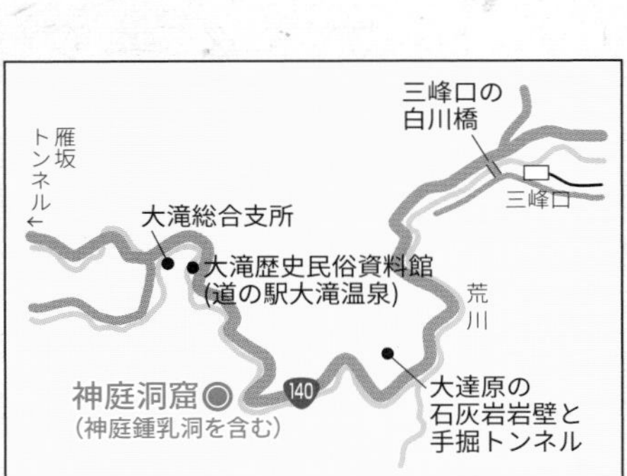

近くのサイト・拠点施設

■ジオサイト12：大達原の石灰岩岩壁と手掘トンネル → P.82
■三峰口の白川橋 → P.94
■大滝歴史民俗資料館（道の駅大滝温泉）→ P.97

神庭洞窟

国道140号で秩父市大滝の神庭地区に入ると、荒川の対岸の急斜面にある岩壁に、洞窟が口を開けているのが目に入ります。この神庭洞窟は、眼下を流れる荒川によって、石灰岩の下部にある比較的軟らかな泥岩が侵食されて約５万年前に形成されたものです。こうした洞窟は天然の住居として古くから人々に利用されてきました。

神庭洞窟では、過去３回の調査によって縄文時代から近世に至るまでの遺物が確認されており、極めて長期間にわたって人々が継続的に移り住んできたことが明らかとなっていますが、縄文時代には狩猟キャンプ地として使われていたものとも考えられています。

また、縄文土器、古墳時代の壺、奈良平安時代の須恵器（すえき）などが出土しており、特に縄文草創期（１万２千年前）の石器（石槍・掻器：そうき）とともに発見された隆起線文（りゅうきせんもん）土器は、日本最古の土器群の１つでもあります。

洞窟の中には動物等の骨が良好に保存されていました。当地は石灰岩の洞窟であり、炭酸カルシウムを含むアルカリ性の石灰岩が骨の保存に適し、人骨をはじめ、サル、クマ、イノシシ、ウサギ、タヌキ、カモシカ、リス、ムササビ、そして魚類（サケ科）の骨が発見されています。これらの中には石器による解体時の傷跡をとどめるものもあり、縄文人がこれらの動物を食料としていたことを示しています。

山間部における縄文時代の人々の生活を知る上で、学術上極めて貴重な遺跡です。平成６年（1994）に埼玉県指定史跡となりました。

ちょこっと豆知識　荒々しく川が湾曲する地・大輪（おおわ）

神庭交流広場から神庭洞窟に至る道は「神庭・大輪遊歩道」になっており、洞窟を過ぎると川沿いに露出した迫力ある秩父帯の石灰岩を見学することができます。途中、「夫婦滝」から「竜門の滝」の間は荒川が蛇行し、「大輪」の地名は、この荒川が大きく湾曲していることに由来するといわれています。竜のごとくうねる荒々しい谷は「三峰登竜渓」の名が付いています。遊歩道は三峯神社表参道につながり、ここから約2時間をかけて神社へ登拝することができます。

ジオサイト
14

秩父トーナル岩と鉱山跡（結晶質石灰岩を含む）

近年の秩父鉱山

基本はコレ！

- 秩父トーナル岩とは火成岩の一種で、地下深いところで結晶し、生成されたもの。
また、地下深くから上昇してきたマグマが秩父帯の石灰岩体と接触し、秩父鉱山の鉱床（スカルン鉱床）となった。
- 中世までさかのぼる採掘の歴史があり、江戸時代の発明家、平賀源内も一獲千金を夢見た１人。
- 明治、大正を経て、昭和に入って近代的な鉱業が営まれるようになり、昭和30年代に最盛期を迎えると、約2千数百人もの人々が暮らす鉱山町が形成され、栄華を誇った。

アクセス

バス　西武鉄道「西武秩父駅」から西武観光バス「三峯神社ゆき」（急行）の「三峰口駅」で「中津川ゆき」に乗り換え、終点「中津川」下車（埼玉県森林科学館）
※1日の本数が少ないため車でのアクセスを推奨します
ナビ入力住所　秩父市中津川447（埼玉県森林科学館）
※鉱山会社の所有地内への立ち入り、無断駐車は禁止です
駐車場　あり（埼玉県森林科学館）

近くのサイト・拠点施設

■中津峡の紅葉 → P.90
■大山沢のシオジ林 → P.92
■埼玉県森林科学館 → P.98

秩父トーナル岩

結晶質石灰岩

岩壁が迫る中津川は、秩父帯に刻まれたV字谷で、秋には見事な紅葉が楽しめます。

中津峡を進むと、出合（であい）に至ります。冬には氷壁の名所となる場所です。ここから上流の神流川流域や中津川流域には、約600万年前に上昇してきたマグマが地下深くでゆっくり結晶して固まった秩父トーナル岩（透明な石英、白い斜長石、暗緑色の角閃石からなる深成岩）や石灰岩がマグマの熱によって変化した結晶質石灰岩などが見られます。

ここには「秩父鉱山」があり、かつて鉄、亜鉛、銅、鉛、金などを採掘していました。地下から上昇したマグマが主に石灰岩と反応してできた鉱床を「スカルン鉱床」といいますが、その生成の過程で複雑な変質、変成作用が起こったため、140種類もの鉱物を産出しました。この鉱物種の多さは世界的にも珍しいものです。

昭和時代、最盛期の秩父鉱山

画像提供：埼玉県立自然の博物館

秩父鉱山は、その始まりが中世にさかのぼるといわれ、以来、一獲千金を夢見て入山した人々の歴史が残っています。江戸時代の発明家、平賀源内もその１人で、中津川集落付近で金の採掘に挑戦し、その後には鉄山の開発を手がけます（P.46参照）。中津川集落には、源内自身が設計したという「源内居」（非公開）という建物が残されています。

明治以降は、幾多の戦争など時勢に影響されながらも断続的に採掘は続けられました。その後、昭和に入って近代的な鉱業が営まれるようになり、最盛期を迎えた昭和30年代には約2千数百人にも及ぶ人々が暮らす鉱山町が形成されました。昭和53年（1978）には金属採掘が終了し、現在は石灰石のみを採掘しています。

※鉱山は稼働中のため立ち入り禁止です。

三 峯 神 社

拝殿

基本はコレ！

- ☑ 奥秩父、標高千m以上にある秩父三社の1つ。ヤマトタケル、お犬様信仰などの伝説が残る関東屈指の古社で、多くの参拝客を集める。近年は、雲海スポットとしても注目される。
- ☑ 本来、三峯とは、神社からも見える雲取山、白岩山、妙法ヶ岳の3つの総称。その険しい地形ゆえに古くから修験道の地として成立した。

秩父三社の１つ、三峯神社は標高1102mに鎮座しており、ヤマトタケル、お犬様信仰などの伝説が残る神社です。広大な境内は神聖な雰囲気に満ち、迫力のある随身門、樹齢800年といわれる御神木、きらびやかな社殿は一見の価値があります。近年は雲海スポットとしても注目を集めています。

三峯神社からの雲海

画像提供：三峯神社

三峯の名の由来は、南に高くそびえる雲取山、白岩山、妙法ヶ岳が美しく連なり、３つの峰を総称して呼ばれたことによるものと伝わっています。この山々は秩父帯のチャートや石灰岩などの硬い岩石からなり、切り立った高い山頂を形成しています。

熊野の那智山系にも、大雲取山や妙法山の名がありますが、秩父の信仰は、熊野の修験道と深くつながっているといわれています。秩父の大地を形作る秩父帯、四万十帯の地層帯は、南紀、四国、九州まで続いています。古くから遠い地域とつながっていた信仰の形が、同じ地質帯の上で形成された地形の類似性で成り立っていることを私たちに教えてくれます（P.35参照）。

アクセス

バ　ス	西武秩父線「西武秩父駅」または秩父鉄道「三峰口駅」から西武観光バス「三峯神社ゆき」（急行）終点「三峯神社」下車 ※西武秩父駅から約1時間15分
ナビ入力住所	秩父市三峰298-1
駐車場	あり（大型バス可）

近くのサイト・拠点施設

- ■ジオサイト13：神庭洞窟（神庭鍾乳洞を含む）→ P.84
- ■栃本の関所 → P.89
- ■大滝歴史民俗資料館（道の駅大滝温泉）→ P.97
- ■三峰ビジターセンター → P.98

栃本の関所

栃本の関所

基本はコレ！

- ☑ 武州と甲州・信州を結ぶ「秩父往還」の往来を監視する目的で戦国時代に武田信玄によって設けられた関所で、国の史跡に指定されている。
- ☑ 四万十帯の上に古い街道が通っており、栃本関所の周りには古い建物が残る栃本集落がある。集落の急な斜面につくられた畑に、当地の昔からの生活が偲ばれる。

栃本集落

旧秩父往還と関所

埼玉と山梨を結ぶ国道140号は「彩甲斐街道」と呼ばれています。古くは「秩父往還」という武州と甲州・信州を結ぶ街道でした。

当地の往来を監視する目的で戦国時代に武田信玄によって設けられたのが栃本の関所です（国指定史跡）。警固を厳重にするため、少し下った麻生（あそう）に加番所も設けられました。栃本から右へ折れると白泰（はくたい）山を越えて信州へ、左へ行くと雁坂峠を越えて甲州に至ります。

栃本は、白泰山から東に延びる尾根の上の地すべりによってできたなだらかな地形に形成された集落です。尾根の北側の中津川の谷には秩父帯と四万十帯の境界があります。秩父帯の険しい地形に比べ、やや穏やかな地形の四万十帯の地域を古い街道は通過しています。

アクセス

バス　西武秩父線「西武秩父駅」または秩父鉄道「三峰口駅」から西武観光バス「三峯神社ゆき」など大滝方面の路線の「大滝温泉遊湯館」で秩父市営バス「川又ゆき」に乗り換え「栃本関所跡」下車

ナビ入力住所　秩父市大滝1623

駐車場　なし

※周辺の民地に駐車する場合は必ず管理者の許可を得てください

近くのサイト・拠点施設

■ジオサイト13：神庭洞窟（神庭鍾乳洞を含む）→ P.84
■三峯神社 → P.88
■大滝歴史民俗資料館（道の駅大滝温泉）→ P.97
■三峰ビジターセンター → P.98

中津峡の紅葉

なかつきょう

中津峡の女郎もみじ

基本はコレ！

- ☑ 秩父帯に刻まれた深いV字谷で、奥秩父を代表する紅葉スポット。
持桶（もちおけ）トンネル手前にある「女郎もみじ」が特に有名。
- ☑ 硬い岩石でできている谷のため侵食に強く、険しい地形ゆえに人の手を拒み、植林などがされずに天然林が多く残る。
- ☑ 紅葉シーズンには、荒々しい渓谷と錦に染まった山々のコントラストが素晴らしく、埼玉県指定名勝にもなっている。

アクセス

バ　ス　西武鉄道「西武秩父駅」から西武観光バス「三峯神社ゆき」（急行）の「三峰口駅」で「中津川ゆき」に乗り換え、「中双里」下車徒歩約45分

ナビ入力住所　秩父市中津川地内（県道210号線沿い）

駐車場　なし

近くのサイト・拠点施設

■ジオサイト14：秩父トーナル岩と鉱山跡 → P.86
■大山沢のシオジ林 → P.92
■埼玉県森林科学館 → P.98

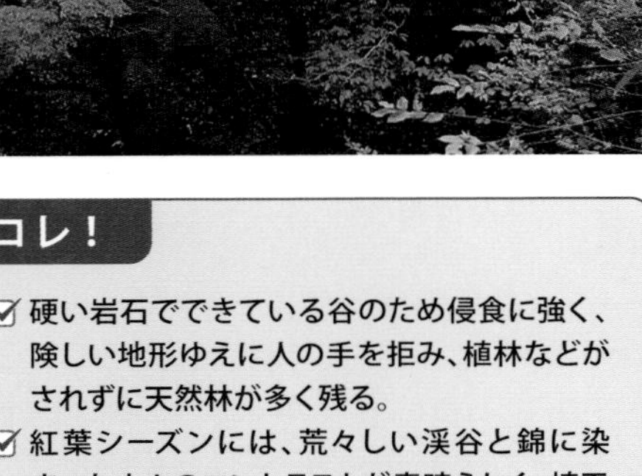

両岸に岩壁が迫る中津峡は、秩父帯（約１億5000万年前・中生代ジュラ紀）の砂岩やチャートなどに刻まれた深いV字谷です。中津川沿いに約10kmにわたって続く渓谷・中津峡は埼玉県の指定名勝であり、奥秩父を代表する紅葉スポットです。高さ100mにも及ぶ断崖絶壁や奇岩が連なる渓谷を、赤や黄色に染まった木々が彩るさまはまさに圧巻です。

四万十帯にあたる白泰（はくたい）の尾根が比較的なだらかでスギやヒノキの植林が進んでいるのに比べ、秩父帯にあたる中津川流域はカエデなどの天然林が残っています。これは、この谷が硬い岩石でできているため侵食に強く、険しい地形ゆえに人の手を拒み、植林などがされなかったことによるものです。

中津川の名物は、幻の芋といわれる「中津川いも」。田楽が有名で、淡いピンク色の少し小ぶりな芋は皮ごと食べられます。当地の山あいの集落で昔からつくられており、標高の低い地域で栽培すると大きな芋に育ってしまうそうです。また、持桶トンネルの上流側の出合（であい）という場所にある岩壁には、冬になると高さ約50mを超えるダイナミックな氷の壁が出現します。「中津川の氷壁」として、同じ大滝地区の「三十槌（みそつち）の氷柱」（秩父三大氷柱の１つ）と並ぶ冬の人気スポットです。

中津川いも田楽

中津川の氷壁

ちょこっと豆知識　女郎もみじの名の由来

持桶トンネル手前にある持桶女郎もみじの赤い色は特に印象的で、中津峡の紅葉を代表する名所です。樹齢約300年以上ともいわれるこの「女郎もみじ」の名の由来には、こんな逸話が伝えられています。

昔むかし、紅葉が盛りを迎えた季節にあでやかな２人の男女が突然現れ、紅葉の美しさに見惚れ、手持ちの酒ですっかり酔いしれると興じて舞い踊った。ふと村人が気が付くと、２人はもういなくなっていたが、そこにあった２本のもみじが２人のあでやかな姿に重なり、以来、「女郎もみじ」と呼ばれるようになったという話です。

大山沢（おおやまざわ）のシオジ林

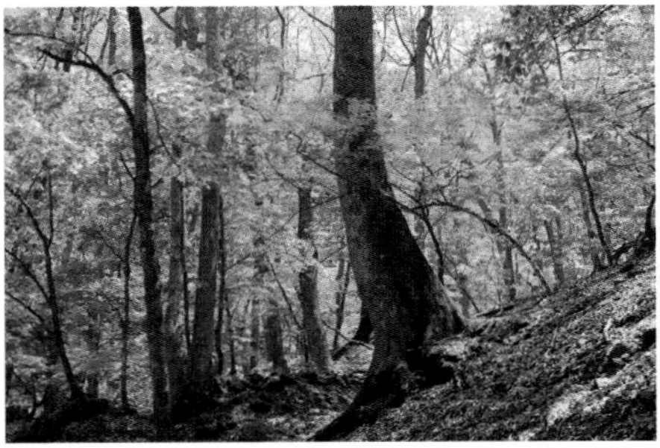

基本はコレ！

- ☑ 手つかずの自然が残る彩の国ふれあいの森「原生の森」の中にあるシオジ林。
- ☑ シオジは太平洋側の山地渓流沿いに分布し、秩父は代表的な生育地として知られている。
- ☑ 学術的にも貴重で、埼玉県の天然記念物にも指定されている。

原生の森入口

秩父市中津川の県有林内（彩の国ふれあいの森）にある、埼玉県を代表する自然林の１つです。シオジは、成長すると樹高30m、直径１mになる樹木であり、太平洋側の山地渓流沿いに分布し、秩父は代表的な生育地として知られています。

彩の国ふれあいの森の森林科学館やこまどり荘などの拠点施設から、さらに上流にある「原生の森」の中に、大山沢のシオジ林があります。ここには、シオジをはじめ、サワグルミ、カツラなど渓流沿いに特徴的な樹木が多数生育しており、国内でも屈指のシオジ林として、さまざまな学術研究も行われています。（埼玉県天然記念物）

アクセス

バ　ス　西武鉄道「西武秩父駅」から西武観光バス「三峯神社ゆき」（急行）の「三峰口駅」で「中津川ゆき」に乗り換え、終点「中津川」下車（埼玉県森林科学館）

※1日の本数が少ないため自家用車でのアクセスを推奨します

ナビ入力住所　秩父市中津川447（埼玉県森林科学館）

駐車場　あり（埼玉県森林科学館）

近くのサイト・拠点施設

■ジオサイト14：秩父トーナル岩と鉱山跡 → P.86
■中津峡の紅葉 → P.90
■埼玉県森林科学館 → P.98

※埼玉県森林科学館から、大山沢のシオジ林がある「原生の森」入口までは徒歩で約1時間30分。さらに、「原生の森」入口から徒歩で約2時間45分かかります。現地へのアクセスについては、事前に埼玉県森林科学館までお問い合わせください。

浦山(うらやま)ダム

浦山ダムからの眺望

基本はコレ!

- ☑ 秩父盆地の南縁に位置する秩父帯のV字谷にあるダムで、堤体(ていたい)の上からは秩父盆地と盆地北側の山々を一望できる。
- ☑ 重力式コンクリートダムとしては全国で2番目の高低差があるダムで、ダム内部にはエレベーター、堤体内ギャラリーが設けられている。

秩父市浦山の谷には、重力式コンクリートダムとしては全国で2番目の高低差(156m)がある浦山ダムがあります。堤体の上は広い遊歩道が整備され、ダム内にはエレベーターもあり、中にはダムの機能などを展示する堤体内ギャラリーが設けられています。ダム外側にある約500段もの階段はスリル満点です。また、ダムに併設されている浦山ダム防災資料館「うららぴあ」２階にはジオパーク秩父特設ギャラリーもあります。

ダムの堤体上から

ダムの堤体の上からは、秩父盆地を南から眺めることができます。浦山の谷の外に広がる盆地は、かつて約1700万年前から1500万年前に存在した「古秩父湾」の海の時代に堆積した地層で、今から約50万年前以降に荒川の侵食を受けてできた河成段丘です。正面には約50万年前に礫岩が堆積した一番古い段丘(高位段丘)である尾田蒔(おだまき)丘陵が見え、その奥には盆地北側の山々を望めます。

チャートや泥岩

ダムがある場所は秩父盆地の南の端にあり、深いV字谷が刻まれている谷は秩父帯の硬い地層からできています。ダムの下には遠洋の海底でできた赤色のチャートや泥岩が見られます。チャートは放散虫というプランクトンの殻が堆積してできた石です。

アクセス

電　車	秩父鉄道「浦山口駅」から徒歩約20分 (浦山ダム下流広場まで)
バ　ス	秩父市営バス浦山線のバス停「西武秩父駅入口」から「浦山大日堂ゆき」の「浦山ダム」下車
ナビ入力住所	秩父市荒川久那4041
駐車場	あり(大型バス可)

近くのサイト・拠点施設

■ジオサイト6:秩父ミューズパーク展望台(高位段丘) → P.62
■ジオサイト7:札所28番橋立堂の石灰岩体と橋立鍾乳洞→ P.64
■ジオサイト9:若御子断層洞 → P.76
■浦山ダム防災資料館「うららぴあ」→ P.97

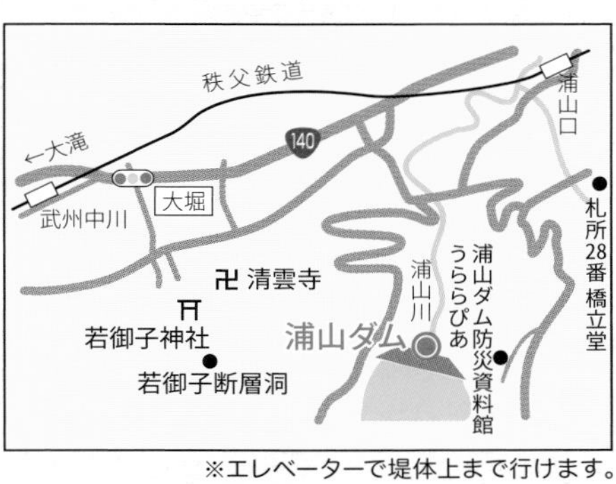

※エレベーターで堤体上まで行けます。

三峰口の白川橋（しらかわばし）

白川橋から下流を望む

基本はコレ！

- この橋の上流には、約2億年～約1.5億年前の秩父帯の硬い岩石からなる奥秩父山地のV字谷が見られる。下流には約1700万年～約1500万年前の「古秩父湾」時代に堆積した軟らかい地層が分布し、土地の隆起と荒川の侵食により河成段丘が刻まれた秩父盆地が広がる。
- 古くから産業の要衝の地で、かつては奥秩父の山から伐り出された木材をこの地で筏（いかだ）に組み江戸へ運んだ。平賀源内も当地で木炭の通船事業を起こした歴史がある。
- 秩父鉱山も昭和の全盛期にはここまで索道で鉱石を運搬し、鉄道に載せて各地へ搬出した。

アクセス

電　車	秩父鉄道「三峰口駅」下車徒歩約5分
バ　ス	西武鉄道「西武秩父駅」から西武観光バス「三峯神社ゆき」（急行）または「中津川ゆき」（土・日・祝日のみ）の「三峰口駅」下車徒歩約５分
ナビ入力住所	秩父市荒川白久1625（三峰口駅）
駐車場	あり（大型バス可）※三峰口駅駐車場ほか

近くのサイト・拠点施設

■ジオサイト12：大達原の石灰岩岩壁と手掘トンネル → P.82
■ジオサイト13：神庭洞窟（神庭鍾乳洞を含む） → P.84
■山里自然館（道の駅あらかわ） → P.96

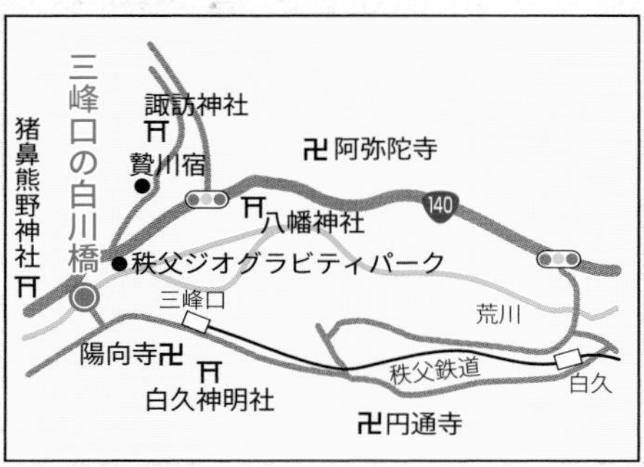

旧白川橋と武甲山を望む（昭和25年）

白川橋から上流を望む

白川橋から上流を見ると、急峻なV字谷になっています。ここから上流は奥秩父山地となり、日本列島の背骨をつくる地質体であるジュラ紀（約2億年〜約1.5億年前）の秩父帯と、白亜紀（約1億年〜約6600万年前）の四万十帯が広がっています。秩父帯と四万十帯は、房総半島から関東山地、赤石山脈、紀伊山地、四国山地、九州山地を経て沖縄本島まで、長さ1800kmにわたって帯状に分布しています。

下流には広い川原が見られ、両岸に河成段丘の平坦面が広がっているのがわかります。ここから下流は、約1700万年〜約1500万年前（新生代新第三紀）にあった古秩父湾に堆積した軟らかい泥岩・砂岩・礫岩の地層が分布しています。

そして、今から約50万年前以降には、大地の隆起に伴い荒川の流れが大地を削って河成段丘が形成され、現在の秩父盆地が形作られました。

江戸時代、上流の中津川や大血川沿いの豊富な木材は、鉄砲堰などの技術を使って奥山から川の流れを使って搬出され、流れがゆるやかになるこの広い川原で筏に組まれて江戸へ向かいました。鉱山事業に失敗した平賀源内も、ここで木炭を運び出す荒川通船の事業を起こしました。

近くにある秩父鉄道の終点「三峰口駅」は、秩父盆地の終点でもあります。ここから奥は、険しい秩父帯・四万十帯の地形となり、鉄道は入れないのです。秩父鉱山の鉱石は、両神山の北を越え、山中地溝帯の谷を経て三峰口まで索道で運び出され、ここから鉄道に載せられていました。

ここにも行ってみよう！

秩父ジオグラビティパーク
キャニオンウォーク、キャニオンフライ、キャニオンスイングなど、荒川渓谷の上空でスリル満点のアクティビティが楽しめる三峰口の新名所。

贄川宿
かつて三峯神社への参拝者で賑わった宿場町。現在は「かかしの里」として工夫を凝らした案山子が家々に展示されています。

三峰口駅
秩父鉄道の終点で、「関東の駅百選」に選ばれている駅。SLパレオエクスプレスが転車台に載って回転する様子を見学できます。

猪鼻区　熊野神社
毎年7月第4日曜日に行われる奇祭「猪鼻の甘酒まつり」が有名。褌一丁の男たちが大きな樽に入った甘酒を威勢よくかけあいます。

まずはココ!

山里自然館（道の駅あらかわ）

道の駅あらかわにある「山里自然館」には、地元で積極的な活動をしている「NPO法人秩父の環境を考える会」による魅力あふれる展示があります。

秩父に生息する動植物をはじめ、祭りや伝統芸能、家々に伝わってきた民俗行事、秩父鉱山や養蚕などかつての秩父を支えた産業などについて事細かに紹介されています。実物のコレクションや貴重な写真はここでしか見ることができないものも数多くあります。

休日には常駐の解説員から詳しい説明を聞くこともできます。不定期で荒川地区の自然や歴史に触れるガイドウォークやワークショップなども行われています。

道の駅には地元の特産品やお土産が並び、併設されたレストランでは地元食材を使った豊富なメニューが楽しめます。

アクセス

電　車　　秩父鉄道「武州日野駅」から徒歩約15分
ナビ入力住所　秩父市荒川日野538-1

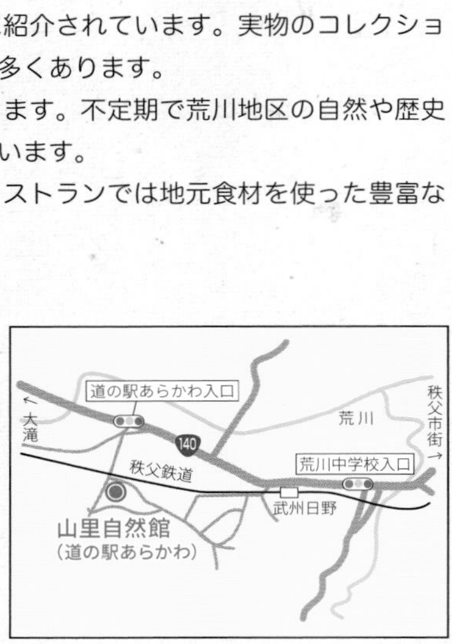

近くのサイト・拠点施設

■ジオサイト9：若御子断層洞 → P.76
■ジオサイト10：安谷川マンガン採掘坑 → P.78
■ジオサイト11：明ヶ指のたまご水と大カツラ → P.80
■三峰口の白川橋 → P.94

浦山ダム防災資料館「うららぴあ」

浦山ダムの堤体（ていたい）に併設されている浦山ダム防災資料館「うららぴあ」は、１階には名物「浦山ダムカレー」を味わえるレストラン「さくら湖食堂」が、２階にはダムの仕組みや役割などを学べる楽しい展示がある施設です。

２階には、ジオパーク秩父の充実した展示コーナーもあり、大きな窓からダムの巨大な堤体と景色を眺めながらジオパーク秩父の各種情報を知ることができます。サイト巡りでホッと一息をつきたいときには、休憩場所としても最適の場所です。

アクセス

電　車　　秩父鉄道「浦山口駅」から徒歩約20分
（浦山ダム下流広場まで）
バ　ス　　秩父市営バス浦山線のバス停「西武秩父駅入口」から
「浦山大日堂ゆき」の「浦山ダム」下車
ナビ入力住所　秩父市荒川久那4041

近くのサイト・拠点施設

■ジオサイト7：札所28番橋立堂の石灰岩体と橋立鍾乳洞 → P.64
■ジオサイト9：若御子断層洞 → P.76
■浦山ダム → P.93

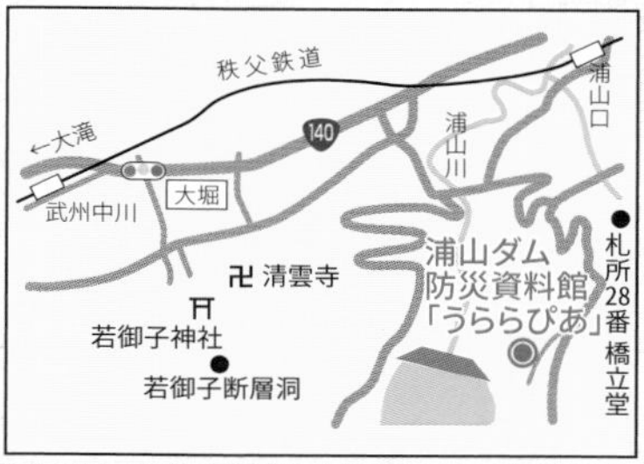

※エレベーターで堤体上へ昇って「うららぴあ」まで行くことができます。

大滝歴史民俗資料館（道の駅大滝温泉）

奥秩父の原生林の動植物に関する展示をはじめ、江戸時代、幕府直轄の山であった「御林山」で生計を立てていた村の暮らし、山間地での農業の営み、秩父往還の歴史などの展示があります。道の駅にはお食事処や日帰り温泉もあります。

アクセス

バ　ス　　西武鉄道「西武秩父駅」または秩父鉄道「三峰口駅」から
西武観光バス「三峯神社ゆき」など大滝方面の路線の
「大滝温泉遊湯館」下車
ナビ入力住所　秩父市大滝4277-2

近くのサイト・拠点施設

■ジオサイト12：大達原の石灰岩岩壁と手掘トンネル → P.82
■ジオサイト13：神庭洞窟（神庭鍾乳洞を含む） → P.84
■三峯神社 → P.88　　■栃本の関所 → P.89
■三峰口の白川橋 → P.94　■三峰ビジターセンター → P.98

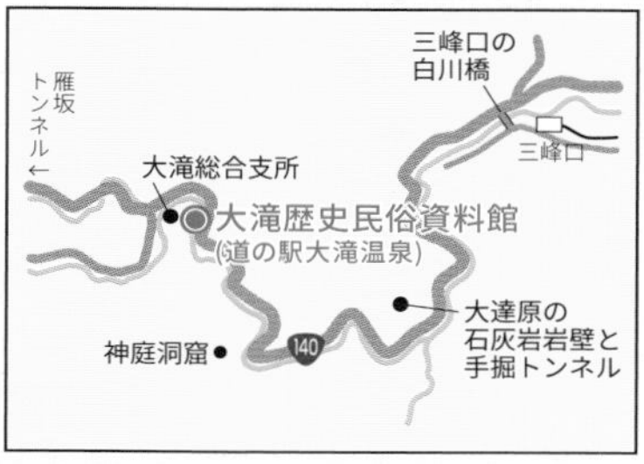

三峰ビジターセンター

中に入ると三峰周辺に生息している数多くの動物のはく製が迎えてくれます。

奥秩父の巨大ジオラマを中心に、秩父多摩甲斐国立公園の見どころが所狭しと紹介され、雲取山周辺の自然をテーマにした写真、厳しい自然とともに生きた人々の暮らしを追った登山家の紀行文や写真の展示なども一見の価値があります。秩父鉱山や秩父の岩石・化石に関する展示も要チェックです。三峯神社に訪れた際にはぜひとも立ち寄りたいスポットです。

アクセス

バ　ス　　西武鉄道「西武秩父駅」または秩父鉄道「三峰口駅」から
西武観光バス「三峯神社ゆき」終点「三峯神社」下車徒歩約2分

ナビ入力住所　秩父市三峰8-1

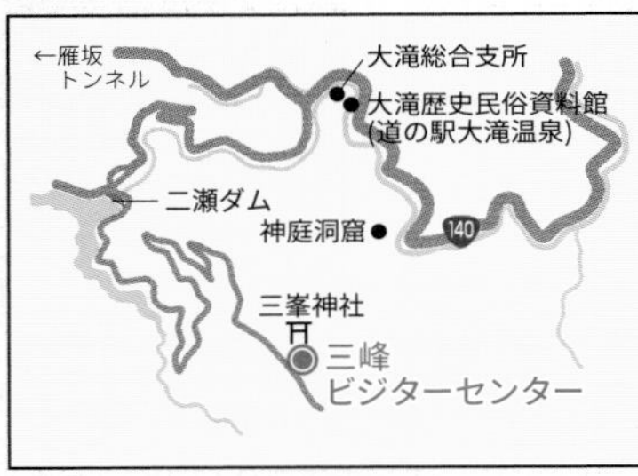

近くのサイト・拠点施設

■ジオサイト13：神庭洞窟(神庭鍾乳洞を含む) → P.84
■三峯神社 → P.88
■栃本の関所 → P.89
■大滝歴史民俗資料館(道の駅大滝温泉) → P.97

埼玉県森林科学館

中津川県有林の中にある「彩の国ふれあいの森」の拠点で、森林と林業について学ぶことができる施設です。平賀源内に関するコーナーもあります。そばの川に下りると秩父トーナル岩が観察できます。科学館に隣接する温泉付き宿泊施設「こまどり荘」も人気です。

アクセス

バ　ス　　西武鉄道「西武秩父駅」から西武観光バス「三峯神社ゆき」(急行)の「三峰口駅」で「中津川ゆき」に乗り換え、終点「中津川」下車

※1日の本数が少ないため自家用車でのアクセスを推奨します

ナビ入力住所　秩父市中津川447

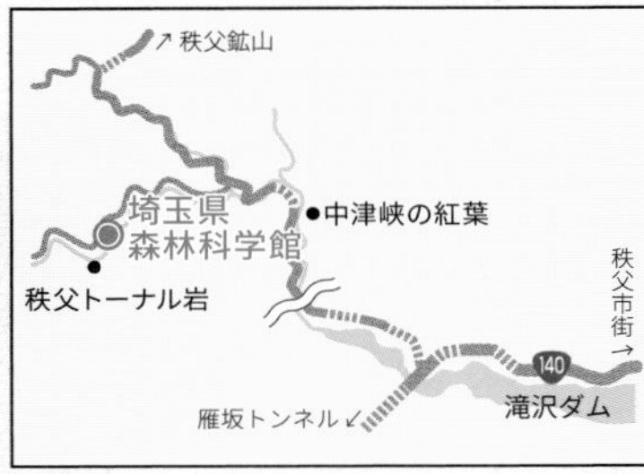

近くのサイト・拠点施設

■ジオサイト14：秩父トーナル岩と鉱山跡 → P.86
■中津峡の紅葉 → P.90
■大山沢のシオジ林 → P.92

ちょこっとコラム

「郷土学」としてのジオパーク秩父

秩父の自然や歴史、文化などあらゆる分野において学びの楽しみに触れ、郷土を見つめ直す取り組みに、秩父市大学講座「ちちぶ学セミナー」があります。専門講座の１つである「ジオパーク秩父探求コース」には、毎年多くの受講生が参加しています。

「ジオパーク」と聞くと、どうしても地質学、地理学に重きが置かれがちですが、１つの学問では捉えきれない部分に、実はジオパークの奥深さが宿っているのです。

こんな話があります。歴史の専門家と地質の専門家がジオパーク秩父でつながり、同じ研究対象についての話になったとき、「今までそんなことは考えもしなかった！」とお互いに驚き合ったというのです。自分の領域を持つ専門家が今まで気付かなかったことが、大地、自然、人々の歴史、文化、暮らしの間にある隠されたつながりを探求するジオパークの世界の中にあったとわかるエピソードです。

谷口さんの模型は自然の博物館の企画展にも展示されました

講座の中で、受講生は自らが感じた疑問をとことん追究していきます。中には、秩父盆地の中の河成段丘の成り立ちと、稲作ができた限られた地域のことをより深く理解するために、自宅の部屋いっぱいの大きさの見事な立体模型を自作した受講生もいます。制作者である谷口桂子さんは、「聞くこと以上に、目の前の模型から新たに知ることがたくさんあった」と語ってくれました。お話を伺い、なんだか化石を掘り当てた喜びと、全体の姿を発掘していく楽しさに似ているように感じました。

沸々と湧き出す疑問や謎を追い求め、新たな「驚き」や「感動」に出合ったとき、そこに生まれるのは母なる地球への想い、土地への郷土愛、そして、先人が大切にしてきた遺産を守っていきたいという使命感です。多くの人々がそれを感じ、「語り部」や「担い手」となっていけば、私たちの郷土が持つ普遍的な価値が未来へとつなげられていくのだと思います。

これからも秩父が秩父らしくあることのカギは、実はジオパークが握っているのかもしれません。

ちょこっと豆知識「デエダンボウ」のはなし

日本各地で伝わる巨人「ダイダラボッチ」の伝説は、秩父でも語り継がれています。「デエダンボウ」(とても秩父らしい呼び方ですね)として伝わるお話がありますので、ご紹介します。

まずは横瀬に伝わる話。デエダンボウは、秩父に山をつくろうとモッコに土を入れ、天秤棒をかついでやってきた。ところが、窪地に足をとられて土をこぼしてしまった。前のモッコからこぼれた同じぐらいの量の土は、2つの山になった。のちに人々はその山を二子山と呼び、足を取られた窪地を芦ヶ久保(足が窪)と呼んだ。こぼれた土の山の1つは硬い岩で、武甲山になった。後ろのモッコの土は2つに分かれて宝登山と蓑山に。落とした天秤棒は、やがて木の芽が出て、尾田蒔丘陵(長尾根)になったという。

両神(小鹿野町)にはこんな話が伝わります。両神山は昔もっと高かったが、高い峰から冷たい風が吹くため花も咲かず、木々も寒さに震えていた。これを見たデエダンボウは、こぶしを打ち下ろして山頂を吹き飛ばした。だが醜い姿になってしまったので、手で撫でて山頂を平らにしたという。

山々が遠い海の向こうからやってきたと知ったら、昔の人もひっくり返って驚いたでしょうね。

長瀞・皆野エリア

長瀞町、皆野町は、北側に秩父帯の上武山地、東側に三波川帯の外秩父山地を望み、秩父盆地を流れてきた荒川が北から東へ向きを変えて関東平野に流れ出る手前に位置しています。皆野では秩父帯・三波川帯の基盤の上に古秩父湾時代の地層が重なっています。長瀞では地下20〜30kmでの高い圧力と熱を受けてできた変成岩が、長い年月にわたる大地の隆起と侵食によって地表に顔を出し、代表的な「岩畳」をはじめさまざまな色や模様の結晶片岩を見ることができます。地下深くの岩石が観察できることから長瀞は「地球の窓」とも呼ばれ、国の名勝・天然記念物に指定されています。

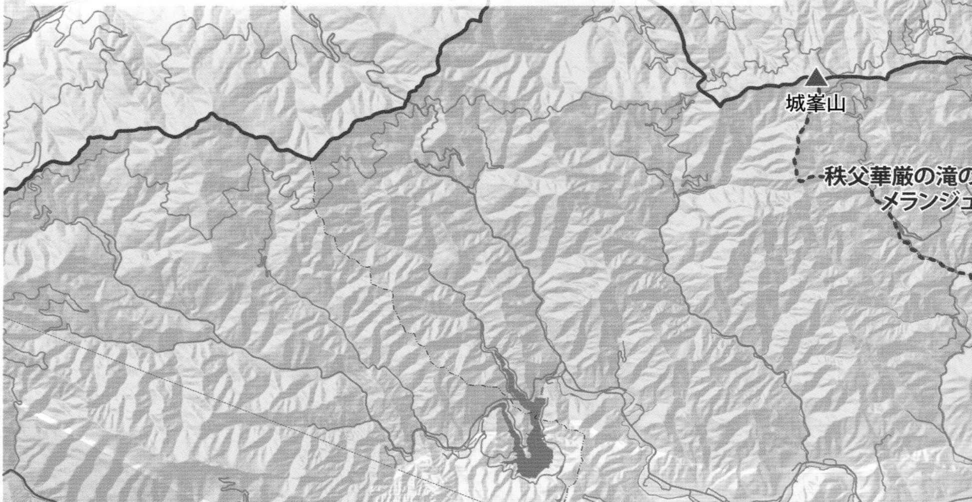

長瀞周辺の自然観察マップ

陣見山
板石塔婆
石材採掘遺跡
野上下郷石塔婆
寛保洪水位磨崖標
ひぐち
はぐれ
140
荒川
長瀞町役場
15 高砂橋下流の雁行脈
のがみ
長瀞町郷土資料館
宝登山山頂展望台
16 蓬莱島
皆野寄居バイパス(有料)
ながとろ
岩畳と
17 秩父赤壁
埼玉県立自然の博物館
宝登山神社
井戸破崩と明治の旧道
札所34番水潜寺の
石灰岩体
18 虎岩
紅簾石片岩とポットホール
かみながとろ
22
19
秩父鉄道荒川橋梁
国神の大銀杏
20
破風山
栗谷瀬橋の蛇紋岩
おやはな
道の駅みなの
皆野長瀞IC
破風山山頂の展望
みなの
21
皆野町役場
前原の不整合
皆野大塚IC
秩父小柱IC
美の山展望台
美の山インフォメーションセンター
わどうくろや
秩父鉄道
0
2km
299
凡例
15-23 ジオサイト
文化・歴史サイト
生態サイト
眺望サイト
拠点施設
1 札所
ちちぶ
長瀞・皆野エリア
跡倉層
皆野町
長瀞町
山中白亜系の地層
火成岩
(石英閃緑岩)
三波川帯の変成岩
小鹿野町
新生代の地層
秩父帯の地層
横瀬町
四万十帯の地層
秩父市

高砂橋下流の雁行脈(がんこうみゃく)

基本はコレ！

- 変成岩の中にある帯状に連なる白い模様は、雁が連なって飛んでいく光景を連想させることから、「雁行脈」と呼ばれる。
- 雁行脈は、地下深くから岩石が上昇してくる過程で生じた亀裂で、その隙間を白い石英や方解石が埋めている。

アクセス

電　車　　　秩父鉄道「野上駅」から徒歩約15分
ナビ入力住所　秩父郡長瀞町中野上9（現地付近）
駐車場　　　なし
※河川敷で通行の妨げにならない箇所に駐車してください

近くのサイト・拠点施設

■ジオサイト16：蓬莱島 → P.104
■野上下郷石塔婆（石材採掘遺跡を含む） → P.119
■寛保洪水位磨崖標 → P.120
■埼玉県立自然の博物館 → P.126
■長瀞町郷土資料館 → P.127

「盆地にも　今日は別れの本野上　駅にひかれる たうきびの穂よ　宮沢賢治」の歌碑のある秩父鉄道の野上駅から荒川に向かいます。多宝寺の北の道をたどり、川べりに下ると荒川の左岸に出ます。

ライン下り終点の船着場の手前、道路左側の岩を探すと、幅10〜20cmの白い脈が数mにわたって何本も並んだ模様が見られます。雁が連なって飛んでいく光景を連想させることから「雁行脈」と呼ばれています。

雁行脈は、地下深くから岩石が上昇してくる過程で生じた亀裂です。亀裂の隙間を、周囲の岩石から浸み出した白い石英や方解石が埋めています。黒い泥質片岩には右下がりの「ミ型」（白い部分は主に石英）、緑色片岩には右上がりの「杉型」（白い部分は主に方解石）が見られます。雁行脈の中心を貫く断層を境に、左右がずれてS字状の形になっているものもあります。

雁行脈

杉型

ミ型

ちょこっと豆知識　高砂橋の別名「おらく橋」

現在の高砂橋は3代目で、それまでは吊り橋でした。昭和のはじめまでこの地には橋がなく、荒川右岸の白鳥（しらとり）村井戸から左岸の野上町高砂へ行くには、少し上流の「金石の渡し」（現在の金石水管橋付近）を使わなければなりませんでした。村に住む「おらくさん」は人々が難渋しているのを見かね、私財を投げ打って昭和7年に吊り橋を完成させました。以来、人々は感謝を込めてこの橋を「おらく橋」と呼んだとのことです。

2代目の吊り橋

ジオサイト
16

蓬　莱　島
ほうらいじま

基本はコレ！

- ☑ 蓬莱島は荒川の侵食によってできた島。
現在は、蓬莱島公園として遊歩道が整備されている。
- ☑ 長瀞一帯は岩盤に碁盤の目状の割れ目が走り、荒川がその割れ目に沿って流れるため、蓬莱島は四角く削り残されてできた。
島の手前では、岩石が地下深くでぐにゃりと曲げられてできたS字褶曲（しゅうきょく）が見られる。

アクセス

電　車　　秩父鉄道「野上駅」または「長瀞駅」から徒歩約15分
ナビ入力住所　秩父郡長瀞町井戸775（駐車場付近）
駐車場　　あり

近くのサイト・拠点施設

■ジオサイト15：高砂橋下流の雁行脈 → P.102
■ジオサイト17：岩畳と秩父赤壁 → P.106
■井戸破崩と明治の旧道 → P.121
■埼玉県立自然の博物館 → P.126
■長瀞町郷土資料館 → P.127

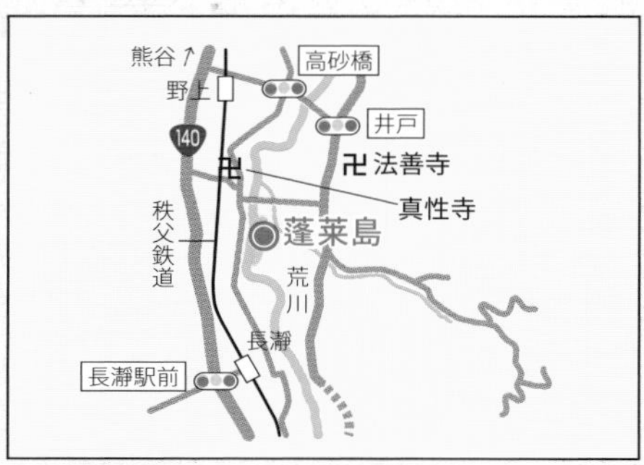

蓬莱島は、荒川に削り残されてできた四角い島です。長瀞一帯の三波川帯の結晶片岩は、ほぼ南北方向と東西方向に、碁盤目状の割れ目（節理：せつり）が走り、荒川は、その碁盤の目を縫うように、カクカクと直角に曲がりながら流れます。

蓬莱島の横臥褶曲

地図を見ると、四角い蓬莱島の周りを取り巻くように荒川が流れているのがわかります。蓬莱島の東側には小沼、藤沼、箱沼という沼があり、かつてはここを荒川が流れていました。洪水のときには、この旧流路にも増水した水が流れ込み、蓬莱島が完全な島になることもあります。

蓬莱島へ旧流路を渡る橋の手前側には、見事な横臥（おうが）褶曲が見られる場所があります。横臥褶曲は、まだ岩石が地下深くにあるときに、大きな力を受けて折り畳まれたものです。硬い岩石が飴のように逆Ｓ字型に曲げられているさまを見ると、ダイナミックな地殻変動を実感することができます。

蓬莱島は、もともと向林（むこうばやし）と呼ばれていましたが、昭和28年（1953）に蓬莱稲荷を祀ったことからこの名で呼ばれるようになりました。５月にはヤマツツジが咲き誇り、長年にわたって町民の憩いの場として親しまれてきましたが、平成28年（2016）に新たに蓬莱島公園として整備されました。長瀞渓谷の絶景を望むことができ、紅葉の時季もおすすめです。

金石水管橋の下から見た蓬莱島

ここにも行ってみよう！

金石水管橋

蓬莱島公園側から北桜通りに至る水管橋。秋には紅葉が橋の上から一望できる人気スポットです。

北桜通り

長瀞駅から荒川に沿って高砂橋まで続く通りで、「日本のさくら名所100選」にも選ばれています。

金嶽山法善寺

長瀞七草寺、秋の七草の1つ「藤袴（フジバカマ）」のお寺。春にはシダレザクラで有名です。

東谷山真性寺

長瀞七草寺、秋の七草の1つ「女郎花（オミナエシ）」のお寺です。

岩畳(いわだたみ)と秩父赤壁(せきへき)

基本はコレ！

- 長瀞一帯には、秩父帯や四万十帯の岩石の一部が、約8500万年〜約6600万年前（中生代白亜紀）にプレートとともに地下20〜30kmの深さに引きずり込まれてできた結晶片岩が分布している。
結晶片岩は薄くパイ生地のように剥がれやすい岩石。
- 岩畳は結晶片岩が荒川の流れによって侵食されてできた河成段丘。激しい川の流れによって川原の礫（れき）に覆われておらず、岩盤がむき出しになっている（岩石段丘）。
断層の動きで岩石が砕かれたところを荒川が侵食してできた対岸の岩壁は「秩父赤壁」と呼ばれている。

アクセス

電　車	秩父鉄道「長瀞駅」から徒歩約7分
ナビ入力住所	秩父郡長瀞町長瀞529-2（長瀞駅）
駐車場	なし（周辺の有料駐車場をご利用ください）

近くのサイト・拠点施設

■ジオサイト16：蓬莱島 → P.104
■ジオサイト18：虎岩 → P.108
■宝登山山頂展望台 → P.124
■埼玉県立自然の博物館 → P.126
■長瀞町郷土資料館 → P.127

観光地としても名高い長瀞は、旧親鼻（おやはな）橋から旧高砂橋までの荒川の両岸が国指定の名勝・天然記念物になっています。中でも岩畳や秩父赤壁が有名です。

岩畳

川の水が深くて流れが静かなところを「瀞（とろ）」といい、長瀞の地名の由来にもなっています。荒川は、この岩畳一帯で青く淀んだ瀞になって美しさを増し、付近一帯の景観は舟下りの観光客の目を楽しませています。古くから景勝地として知られ、かつて宝登山神社の参拝客は岩畳で月を愛でながら宴会を催したそうです。

ここは関東山地から九州まで、約840kmにわたって続く三波川帯の東の端にあたります。岩畳は、結晶片岩の板のように剥がれやすい特徴である「片理（へんり）」（水平方向）と、地下深くから隆起した際にできた割れ目「節理（せつり）」（垂直方向）、そして荒川の侵食がつくった地形です。

三波川帯の岩石は、秩父帯や四万十帯の岩石の一部が、約8500万年〜約6600万年前（中生代白亜紀）にプレートとともに地下20 〜 30kmの深さに引きずり込まれ、圧力と熱による変成を受けてできました。このときの強い圧力により、雲母のような鉱物がつくられ、薄いパイ生地のように剥がれやすい片理を持つようになりました。地下深くの岩石を地表で観察できるので、「地球の窓」といわれています。

岩畳には、荒川の川底であったときにできたポットホール（甌穴：おうけつ）や流路跡（四十八沼）も見られます。また、たびたび増水の影響を受けるにもかかわらず、岩の間のわずかな隙間に生えたユキヤナギやフジも見られます。

対岸の崖は、中国の名所にちなんで「秩父赤壁」と呼ばれています。断層に沿って荒川が流れることによってできた断崖です。江戸時代に書かれた「宝登山図会」という文書には、「両岸峨々として疑ふらくは漢土の赤壁も如何でか」との記述があります。

P.18「長瀞の岩畳ってどうやってできたの？」へGO!

ここにも行ってみよう！

長瀞岩畳通り商店街
秩父鉄道「長瀞駅」から岩畳までの間、約400mほど土産物店や食事処がずらっと並んでいる通りです。

長瀞ライン下り
美しい渓谷をゆったりと、ときにはスリル満点で楽しめる昔ながらの舟下り。ジオ観察にもうってつけです

宝登山ロープウェイ
神社から奥宮がある宝登山山頂まで空中散歩！ 山の上にはロウバイ等の花の名所、小動物公園があります。

宝登山神社
秩父神社、三峯神社と並ぶ秩父三社の1つ。創建以来1900年の歴史を持ち、極彩色の権現造の社殿が美しい。

ジオサイト
18

虎岩（とらいわ）

基本はコレ！

- 茶褐色の「スティルプノメレン」という鉱物と白色の長石や石英が重なった縞模様が、折り畳まれて褶曲（しゅうきょく）している。これがトラの毛皮のように見えるのでこの名が付いた。
- 宮沢賢治が盛岡高等農林学校に在学中、地質巡検の際に虎岩を見て詠んだといわれている歌碑がある。

アクセス

電　車　秩父鉄道「上長瀞駅」から徒歩約7分
ナビ入力住所　秩父郡長瀞町長瀞1417-1（自然の博物館）
駐車場　なし（周辺の有料駐車場をご利用ください）

近くのサイト・拠点施設

■ジオサイト17：岩畳と秩父赤壁 → P.106
■ジオサイト19：紅簾石片岩とポットホール → P.110
■秩父鉄道荒川橋梁 → P.122
■埼玉県立自然の博物館 → P.126
■長瀞町郷土資料館 → P.127

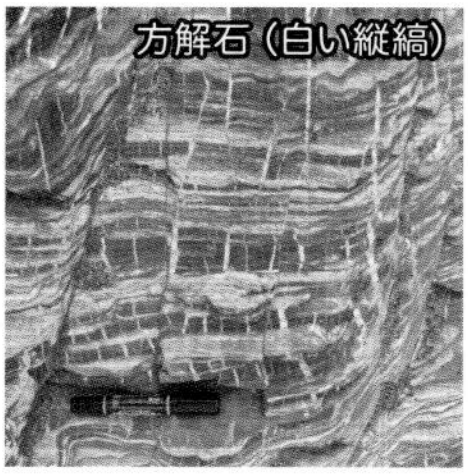
方解石（白い縦縞）

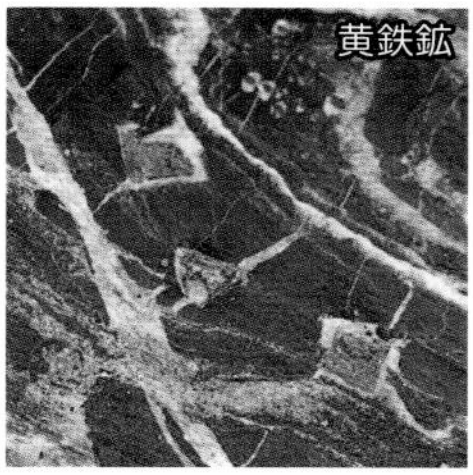
黄鉄鉱

折り畳まれた褶曲

秩父鉄道「上長瀞駅」から荒川に向かうと埼玉県立自然の博物館の前に着きます。川側の駐車場には宮沢賢治の歌碑があり、脇の道を下ると川べりに出ます。川の近くにある茶褐色と白の縞模様が見られる盛り上がった岩場が「虎岩」です。

この岩は茶褐色のスティルプノメレンと白色の長石や石英などが重なって縞模様をつくっている「スティルプノメレン片岩」です。折り畳まれるように褶曲して、トラの毛皮のような模様に見えることからこの名が付けられました。この岩は地下深部の高い圧力の下で形成されたものです。また、縞模様を横断するような白い鉱物は方解石で、地上に上がってくる途中でできた割れ目に入ったものです。

スティルプノメレン片岩には金色に輝く正六面体の黄鉄鉱（おうてっこう）の結晶が見られるので探してみましょう。上流の緑色の緑泥石（りょくでいせき)片岩には、黒光りする正八面体の磁鉄鉱が入っていることもあります。

大正5年（1916）の地質巡検の際に長瀞を訪れた宮沢賢治は、虎岩を見て『つくづくと「粋なもやうの博多帯」荒川ぎしの 片岩のいろ』という歌を詠ったといわれています。

宮沢賢治が「粋」な博多帯になぞらえた歌をかみしめながら虎岩をじっくり観察してみましょう。

宮沢賢治の歌碑

ちょこっと豆知識 賢治がなぞらえた「博多帯（おび）」って？

賢治が詠んだ歌にある「博多帯」は、博多織の古い伝統を誇る日本の代表的な帯の1つで、経糸の密度が高くしっかりしており、一度締めたら緩まないといわれています。黒田藩が毎年江戸幕府に献上したことからその名が付いた「献上柄」が有名です。虎岩の細かい縞模様を緻密な博多帯になぞらえる想像力はさすが賢治！といったところですが、もしかすると、父が質・古着商を営んでいたことからさまざまな着物や帯が身近にあったので、自然と思いついたのかもしれませんね。

ジオサイト
19

紅簾石片岩とポットホール

こうれんせきへんがん

基本はコレ！

- ☑ 世界で初めて発見された、産出の稀な紅簾石片岩の見事な露頭。
紅簾石はマンガンを含むチャートなどからできた深紅色の美しい鉱物。この岩から下流側が国指定名勝・天然記念物の「長瀞」となる。

- ☑ 岩の上には大きなポットホールもある。
かつてここが荒川の川底であったころ、硬い岩石が岩の窪みに取り込まれて激しい流れによって回転し、岩を削ってできたもの。

アクセス

電　車　　秩父鉄道「親鼻駅」から徒歩約10分
ナビ入力住所　秩父郡皆野町皆野2575　(現地付近)
駐車場　　なし（周辺の有料駐車場をご利用ください）

近くのサイト・拠点施設

■ジオサイト17：岩畳と秩父赤壁 → P.106
■ジオサイト18：虎岩 → P.108
■ジオサイト20：栗谷瀬橋の蛇紋岩 → P.112
■秩父鉄道荒川橋梁 → P.122
■埼玉県立自然の博物館 → P.126

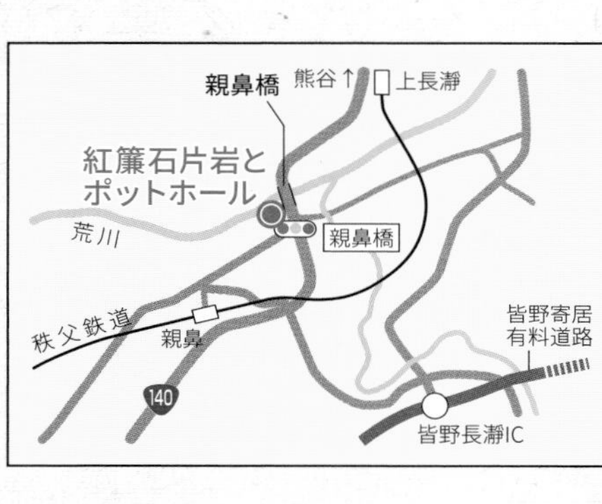

ポットホール

紅簾石片岩

旧親鼻橋の橋脚跡

荒川を横切る親鼻（おやはな）橋の上流右岸の大きな岩は、産出の稀な紅簾石片岩の露頭です。

紅簾石片岩は、マンガンを含むチャートなどからできたと考えられている深紅色の美しい岩石で、明治21年（1888）に小藤文次郎博士が世界で初めて報告しました。肉眼では紅簾石の結晶は見えませんが、親鼻橋下流のライン下り出発場所のジオサイト解説看板で紅簾石の岩石顕微鏡写真が見られます。ここでは、銀白色の鉱物「絹雲母」を含む絹雲母片岩も見られます。

岩の上には大きなポットホール（甌穴：おうけつ）があります。ここがかつて荒川の川底であったころ、硬い岩石が岩の窪みに取り込まれ、激しい流れによって回転し、岩を削ってできたものです。

岩の上のレンガの礎石は、古い親鼻橋がここにかかっていたころの橋台の跡です。この岩の下流側が国指定の名勝・天然記念物「長瀞」の指定地となります。

ちょこっと豆知識　日本一のポットホールはどこに？

ポットホールは紅簾石片岩や岩畳のものが有名ですが、「日本一」との呼び声が高いものが長瀞の井戸という場所にあります。昭和37年（1962）、地元の中学生が4日かけて掘り出し、直径1.8m、深さ4.7mもあることがわかりました。中からは穴を削ったと思われる大きな玉石150個や600年前の中国の貨幣が発見されました。現在は安全のためにポットホールの内部は埋められています。玉石の1つは県立自然の博物館に展示されています。

画像提供：大久根 茂 氏

※現地までは長瀞オートキャンプ場の敷地を通るため、見学の際には必ず許可を得てください。

くりやぜ　じゃもんがん
栗谷瀬橋の蛇紋岩

基本はコレ！

- ☑ 蛇紋岩は濃い緑色で光沢があり、岩肌が蛇の皮に見えることからその名が付いた。
白い脈の入ったものは「蛇灰岩（じゃかいがん）」という。
- ☑ 風化しやすく地すべりの原因ともなり、現在も高速道路や鉄道などは蛇紋岩地帯を避けて建設される。
- ☑ 磨くと美しい石材となり「緑色の大理石」ともいわれる。
秩父産の蛇紋岩は国会議事堂にも使われている。

磨かれた蛇紋岩▶

アクセス

電　車　　秩父鉄道「親鼻駅」から徒歩約20分
バ　ス　　秩父鉄道「皆野駅」から皆野町営バス「西立沢ゆき」または「浦山ゆき」の「中学校前」下車徒歩約5分
ナビ入力住所　秩父郡皆野町皆野2228-1（皆野総合センター）
駐車場　なし
※河川の状況を確認した上で荒川河川敷に駐車してください

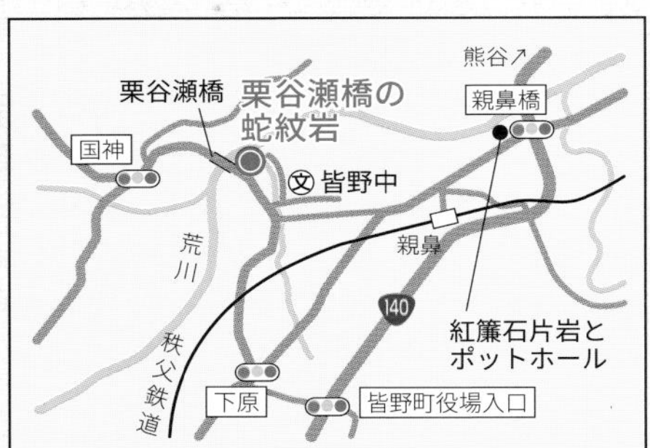

近くのサイト・拠点施設

■ジオサイト17：岩畳と秩父赤壁 → P.106
■ジオサイト19：紅簾石片岩とポットホール → P.110
■ジオサイト21：前原の不整合 → P.114
■秩父鉄道荒川橋梁 → P.122
■埼玉県立自然の博物館 → P.126

皆野中学校の門の前を荒川に向かって下ると川べりに出ます。この辺一帯には蛇紋岩が露出しています。秩父地域では長瀞の岩畳に代表される三波川帯の中に小規模な蛇紋岩体が分布しています。

蛇紋岩は濃い緑色で光沢があり、岩肌が蛇の皮膚のように見えることから名付けられました。地球深くのマントルを構成するかんらん岩が水と反応してできる岩石です。白い脈の入ったものは蛇灰岩といいます。

蛇紋岩（栗谷瀬橋付近）

蛇紋岩は磨くと美しい石材となり、「緑色の大理石」ともいわれます。秩父産の蛇紋岩は、その品質の高さが認められ、埼玉県では唯一、国会議事堂の中央玄関の床に使われています（産地は皆野町三沢、秩父市黒谷など）。

蛇紋岩は風化しやすく地すべりの原因にもなり、土木技術の発達した現在でも、高速道路や鉄道などの大型建築物の建設は蛇紋岩地帯を避けています。現在でもこの地域は土砂崩れの頻発地帯のため、各所で治山工事が施されています。

蛇紋岩の露頭

この岩には石綿（アスベスト）も含まれています。石綿の大部分は、蛇紋岩に含まれる繊維状のクリソタイルという鉱物からなります。

江戸時代には、平賀源内が秩父産の石綿で燃えない布「火浣布（かかんぷ）」をつくりました。現在は、肺がんなどを引き起こすことから石綿の生産や使用は禁止されています。

ちょこっと豆知識 秩父鉄道のコース変更は蛇紋岩のせい？

秩父鉄道（当時は前身である上武鉄道）は、明治44年（1911）の時点ではまだ現在の秩父まで延伸しておらず、皆野町金崎（かなさき）にある金崎神社あたりに設置された金崎駅（当時は「秩父駅」の名だった）まで開通していました。金崎からの延長工事は当初、荒川左岸から向かうコースが計画されていましたが、蛇紋岩がある金崎から先は地盤が軟弱で、線路の敷設・維持が難しいことから荒川右岸へ渡るコースに変更され、金崎駅は後に廃止となりました。現在の長瀞駅の先からコースが変更され、荒川橋梁を渡り、大正3年（1914）に現在の秩父駅まで延伸しました。

前原の不整合

（まえはら）

基本はコレ！

- 約2億年～約1億5000万年前の秩父帯の岩と、約1700万年前に誕生した古秩父湾の岩が接する不整合を間近に観察できる。不整合とは、上下に重なる地層の間に膨大な時間の隔たりがあること。国の天然記念物。
- 露頭の突端部にはカキの化石が見られ、このあたりに古秩父湾の浅い海が広がっていた証拠となっている。

アクセス

電　車　秩父鉄道「皆野駅」から徒歩約25分
バ　ス　西武鉄道「西武秩父駅」または秩父鉄道「秩父駅」から西武観光バス「吉田元気村・吉田総合支所ゆき」の「大田入口」下車徒歩約10分
ナビ入力住所　秩父郡皆野町大淵429（現地付近）
駐車場　あり（大型バス可）

近くのサイト・拠点施設

■ジオサイト20：栗谷瀬橋の蛇紋岩 → P.112
■ジオサイト22：札所34番水潜寺の石灰岩体 → P.116
■ジオサイト23：秩父華厳の滝のメランジュ → P.118

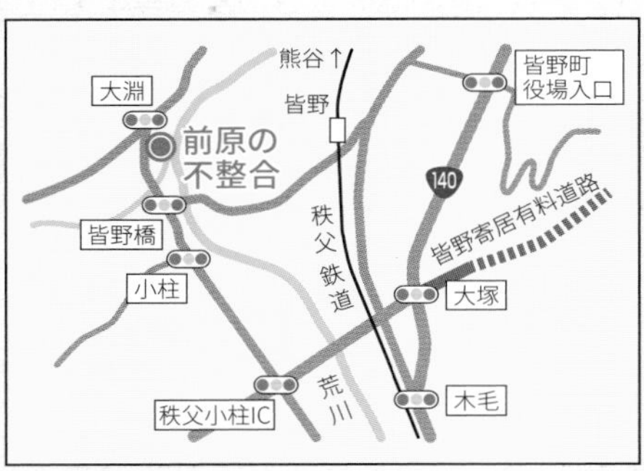

不整合部分

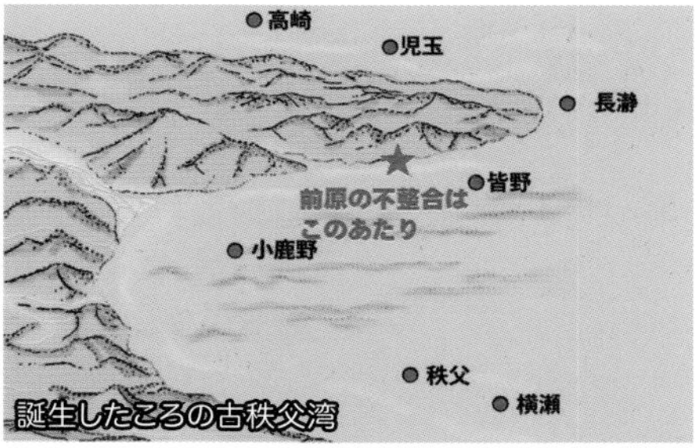

誕生したころの古秩父湾

画像提供:埼玉県立自然の博物館

皆野町の大淵交差点から荒川に向かって整備された階段を下りると、荒川左岸にある崖に至ります。下部の黒っぽい岩(黒色泥岩)は、秩父帯(約2億年〜約1億5000万年前・中生代ジュラ紀)の頁岩(けつがん)で、その上に、古秩父湾が形成され始めたころの礫岩(約1700万年前・新生代新第三紀)や砂岩層が重なっています。

このように2つの地層の間に大きな時間的不連続が認められる関係を不整合といいます。ここは不整合面が明瞭で、地層の上下関係が広く立体的に観察できるので、学術的に貴重であるだけではなく、地質学の学習にも適しています。

古秩父湾堆積層は白い砂が特徴的で、その最下部には、大きな礫がゴロゴロと入っています。この礫岩層は大きな地殻変動により秩父帯の岩石が礫となって海底に堆積したもので、古秩父湾の誕生を示す基底(きてい)礫岩です。

牡蠣(カキ)の化石

この露頭の川に面した突端部には、牡蠣(カキ)の化石があります。カキの化石は示相化石といって、生物が生きていた時代の環境を表す化石で、当時、浅い海が広がっていた証拠となります。

下流の大淵の川原に行くと、貝など海の動物の化石がたくさん見つかります。

知っとこ!ジオ情報

「古秩父湾」のディープな魅力をもっと知ろう!

秩父にあった太古の海、「古秩父湾」は、平成28年(2016)に「古秩父湾堆積層及び海棲哺乳類化石群」として国の天然記念物となりました。学術的に価値があるのはもちろんのこと、「秩父は海だった!」というシンプルな驚きから始まり、日本列島が誕生したときの記憶とその証拠を1つの地域で実際にたどってみることができるのが、「古秩父湾」の大きな魅力です。埼玉県立自然の博物館の冊子『古秩父湾 –秩父の大地に眠る太古の海の物語–』で詳しく知ることができますので、ぜひチェックしてみてくださいね。

ジオサイト
22

札所34番水潜寺（すいせんじ）の石灰岩体

基本はコレ！

- 秩父三十四ヶ所観音霊場、日本百観音の「結願寺（けちがんじ）」で、札所巡礼の最後に参拝するお寺として有名。
境内にある石灰岩体は「水潜りの岩屋」と呼ばれ、かつて巡礼を終えた人々はここで身を清め、俗界に戻ったと伝えられている。
- この付近では、海洋プレートが海溝に潜り込む際にバラバラになった石灰岩やチャートなどの岩塊が泥岩に混じってできた「メランジュ」が観察できる。

アクセス

バ　ス　　秩父鉄道「皆野駅」から皆野町営バス「西立沢ゆき」の「札所前」下車徒歩約3分
ナビ入力住所　秩父郡皆野町下日野沢3522
駐車場　あり（マイクロバス可）

近くのサイト・拠点施設

■ジオサイト20：栗谷瀬橋の蛇紋岩 → P.112
■ジオサイト21：前原の不整合 → P.114
■ジオサイト23：秩父華厳の滝のメランジュ → P.118

札所34番日沢山（にったくさん）水潜寺は、秩父札所巡礼の最後に参拝する寺で「結願寺」といわれます。西国、坂東、秩父のそれぞれ三十三番あった札所に1つ加えることで、日本百観音の結願寺となったと伝承されており、江戸時代の『観音霊験記』にもそのいわれが書かれています。観音堂内には、百観音巡礼を終えた巡礼者の笈摺（おいずる：巡礼者が羽織る白衣）や金剛杖、菅笠、千羽鶴などが納札とともに奉納されています。

境内に並ぶ三十三観音の石仏

奥の院にある石灰岩体には「水潜りの岩屋」と呼ばれる鍾乳洞があります。かつては巡礼を終えた人々がこの岩屋をくぐり、身を清め（胎内潜り）、俗界に戻っていったと伝えられ、寺の名の由来となっています。また、鍾乳洞から流れ出る水は「長命水」として飲むと長生きできると伝えられています。現在、岩屋は崩落の危険がありくぐることはできませんが、湧き水が本堂近くまで引かれており、水を汲んで手を清めることができます。

水潜寺本堂

水潜寺の石灰岩体は、泥岩中にチャートなどとともに混在したものですが、これは、海洋プレートが海溝に潜り込むとき、岩塊がバラバラになって泥と混ざってできたもので、「メランジュ」（混在岩）と呼ばれます。

約2億年前に大洋で生まれた岩石が、人々の信仰によって大切に守られ、秩父の大地の成り立ちを静かに物語っています。

ちょこっと豆知識 水潜寺と大渕をつなぐ道

前原の不整合（P.114）がある皆野町の大渕には、「水潜寺の洞窟（池）にニワトリを入れたら、1週間後に国神を流れる荒川の大渕からそのニワトリが出てきた」という話が伝わっています。水潜寺の鍾乳洞には清水が湧き出していることから、これが話の池を指すのかもしれません。遠く離れた場所にある穴同士がつながり、一方から落ちた人や物が他方から出てくるという伝説は全国各地に残っています。

このような穴を、竜宮へつながる道や竜のすみかとして伝える昔話も多く、ニワトリが出た場所が大渕なのは、その名残かもしれません。渕（渕）は水神や竜と関わりが深く、雨乞いなどを行う場所であったためです。

秩父華厳(けごん)の滝のメランジュ

基本はコレ！

- 「チャート」という秩父帯の硬い赤色の岩石に流れる落差約12mの美しい滝。
- 当地のチャートは、プレートが海溝に潜り込むときにばらばらになって泥と混ざってできた「メランジュ」（混在岩）の一部にあたる。

秩父華厳の滝は、落差約12mの崖を直線的に流れ落ちる美しい滝で、日光の華厳の滝にその形が似ていることから名付けられました。埼玉の「クールスポット100選」にもなっています。

赤い岩盤はチャートと呼ばれる岩石で、放散虫というプランクトンの骨格（二酸化ケイ素）が深海底で堆積した、たいへん硬いものです。

滝の下流の日野沢川沿いでは、小さな石灰岩や大きなチャートの塊が泥岩の中に混じっているのが見られます。周辺は、中生代ジュラ紀（約２億年〜約1.5億年前）の付加体「秩父帯」にあたりますが、海洋プレートが海溝に潜り込むとき、海洋プレート上に堆積していた石灰岩やチャートがばらばらになって泥と混ざり、「メランジュ」と呼ばれる混在岩になりました。滝の岩盤のチャートも、東西約２kmの大きなメランジュの岩体の一部にあたります。

アクセス

バ　ス　　秩父鉄道「皆野駅」から皆野町営バス「西立沢ゆき」の「秩父華厳前」下車徒歩約5分
ナビ入力住所　秩父郡皆野町上日野沢3311-1（現地付近）
駐車場　　あり

近くのサイト・拠点施設

■ジオサイト20：栗谷瀬橋の蛇紋岩 → P.112
■ジオサイト21：前原の不整合 → P.114
■ジオサイト22：札所34番水潜寺の石灰岩体 → P.116
■ジオサイト24：子ノ神の滝 → P.130

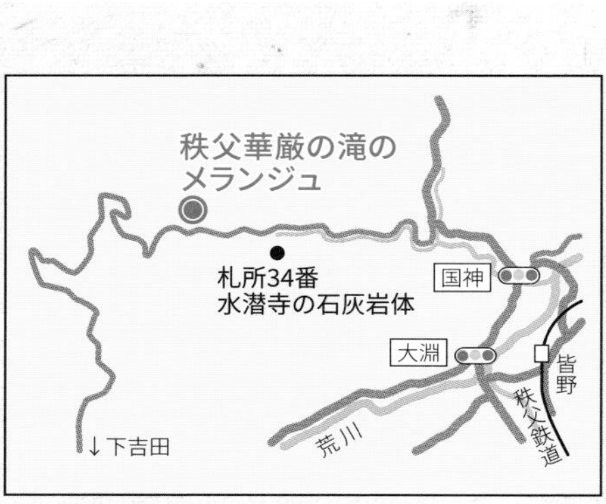

のがみしもごういしとうば
野上下郷石塔婆（石材採掘遺跡を含む）

基本はコレ！

- ☑ 巨大な三波川結晶片岩でつくられた日本一の石塔婆。南北朝時代に当地にあった城の城主を供養するために建立されたと伝わる。(国指定史跡)
- ☑ この板碑の北西の山中には、緑泥石片岩を切り出した「板石塔婆石材採掘遺跡」がある。緑泥石片岩は「秩父青石」と呼ばれ、関東一帯で石材として使われてきた。

石材採掘遺跡

高さ約5m、厚さ13cmの巨大な石塔婆は、現存する中では日本一の大きさを誇っています。南北朝時代の応安2年（1369）、当地にあった「仲山城」の落城の際、討死にした城主・阿仁和直家の供養のために建立されたものと伝えられています。（国指定史跡）

三波川結晶片岩の薄く剥がれやすい特徴（片理：へんり）を利用してつくられており、現物を見ると、その大きさにもかかわらず薄いのに驚かされます。樋口駅から北西約1500mのところに石材を採掘した「板石塔婆石材採掘遺跡」があります。ここの石材は「秩父青石」と呼ばれ、関東一帯で石皿や石斧、板碑として古くから使われてきました。

アクセス

電　車　　秩父鉄道「樋口駅」下車徒歩約8分
ナビ入力住所　秩父郡長瀞町野上下郷39
駐車場　　なし
※周辺の民地に駐車する場合は必ず管理者の許可を得てください

近くのサイト・拠点施設

■ジオサイト15：高砂橋下流の雁行脈 → P.102
■ジオサイト16：蓬莱島 → P.104
■ジオサイト17：岩畳と秩父赤壁 → P.106
■寛保洪水位磨崖標 → P.120

かんぽこうずいいまがいひょう

寛保洪水位磨崖標

基本はコレ！

- 「水」の字が刻まれた岩があり、江戸時代、4日間続いた豪雨で荒川が氾濫して18mも水位が上昇し、この地まで水没したことを今に伝えている。
- この付近は秩父盆地唯一の水の出口で、盆地に広がる川に比べて極端に川幅が狭くなっている。

長瀞第二小学校裏の山際に「水」の文字が刻まれた岩（三波川結晶片岩）があります。江戸時代の寛保2年（1742）の洪水位の記録です。旧暦7月27日から4日間豪雨が続き、8月1日の水位が18mも上昇してここまで達し、付近が水没したことを地元の四方田弥兵衛・滝上市右衛門が刻んだものです。（県指定史跡）

ここは秩父盆地に降った雨が集まる、盆地唯一の水の出口です。野上下郷石塔婆の南の荒川にかかる橋の上に立ってみると、盆地内に広がる川幅に比べて極端に狭まっているのがわかります。現在は秩父地域に４つのダムができ、大雨が降っても水位の調整が行われ、文字通り「荒ぶる川」だった昔のような水害はなくなりましたが、今でも梅雨時や台風の過ぎ去った後、橋のすぐ下まで水位が上がることがあります。令和元年（2019）の台風19号では、長瀞のキャンプ場や蓬莱島公園など各所が大きな水害に見舞われました。

アクセス

電　車　秩父鉄道「樋口駅」下車徒歩約８分
ナビ入力住所　秩父郡長瀞町野上下郷975-3（現地付近）
駐車場　なし
※周辺の民地に駐車する場合は必ず管理者の許可を得てください

近くのサイト・拠点施設

■ジオサイト15：高砂橋下流の雁行脈 → P.102
■ジオサイト16：蓬莱島 → P.104
■ジオサイト17：岩畳と秩父赤壁 → P.106
■野上下郷石塔婆（石材採掘遺跡を含む）→ P.119

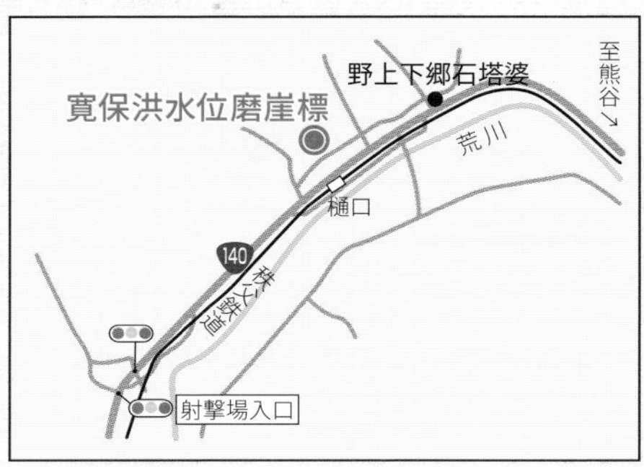

はぐれ
井戸破崩と明治の旧道

基本はコレ！

- ☑ 江戸時代からの通行の難所で、多くの人馬が滑落したため、明治時代に開削された旧道。岩畳の対岸にある「秩父赤壁」の上部を通る。
- ☑「井戸」は当地の地名で、「破崩」とは崩れやすく危険な場所を意味する。

長瀞の岩畳の対岸の断崖絶壁は「秩父赤壁」と呼ばれていますが、その上部に明治時代に開削された旧道が通っています。

江戸時代、当地は通行の難所で井戸破崩（はぐれ：崩れやすく危険な場所）と呼ばれていました。当時、人々は今の道の６～７m上の断崖絶壁を通り、人や馬がよく落ちたことから、現在も馬頭尊が残っています。現在の道は、明治14年（1881）から開削が始まり、秩父事件が起こる前年である明治16年に完成しました。難工事であるため佐渡の金山の金穴（かなあな）掘りを呼んだそうで、岩肌には当時の発破の跡が刻まれています。工事の途中、崖上に残った岩を落とすか残すかで問題になったとき、武八という若者が残してくれと皆に嘆願したそうです。今ではその岩は「武八岩」と呼ばれ、岩の上に生えた草木は四季折々の美しさを見せて通る人々を楽しませながら、往来の安全に役立っているということです。

対岸に見える岩畳

この道は現在、遊歩道「長瀞自然のみち」となっています。対岸の岩畳を眺めることができますが、遊歩道から数m先は断崖絶壁になるため、十分注意が必要です。

アクセス

電　車	秩父鉄道「長瀞駅」下車徒歩約35分
ナビ入力住所	秩父郡長瀞町井戸 (春日神社、長瀞トンネル付近)
駐車場	あり(「長瀞自然のみち」入口)

近くのサイト・拠点施設

■ジオサイト15：高砂橋下流の雁行脈 → P.102
■ジオサイト16：蓬莱島 → P.104
■ジオサイト17：岩畳と秩父赤壁 → P.106
■ジオサイト18：虎岩 → P.108
■埼玉県立自然の博物館 → P.126

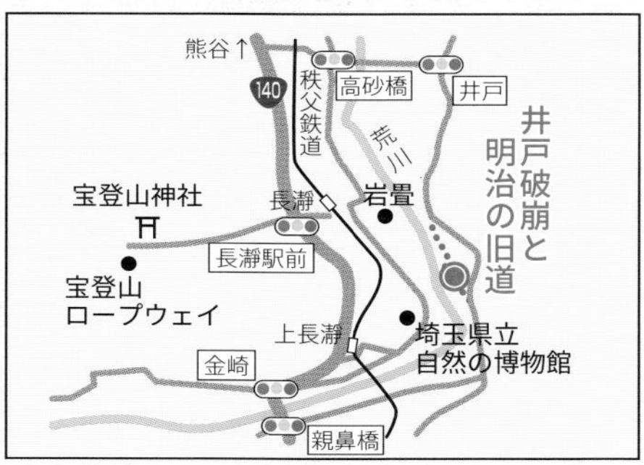

秩父鉄道荒川橋梁

基本はコレ！

- 大正3年（1914）に完成した、秩父鉄道の路線の中で最も長い橋。花崗岩とレンガ積みによって造られている。
- 秩父鉄道が秩父まで延伸する際、上長瀞駅から先の荒川左岸が蛇紋岩の軟弱地盤でありルート変更を余儀なくされ、この橋をかけて荒川右岸に渡り、秩父方面へと接続した。

大正7年（1918）撮影の荒川橋梁

橋梁を渡るSL

画像提供：秩父鉄道㈱

大正３年（1914）に建設された荒川橋梁は、秩父鉄道の路線の中で最も長い橋です。もともとは荒川左岸をそのまま秩父まで延伸していく計画でしたが、現在の親鼻橋の西側付近は、蛇紋岩からなる軟弱地盤であり、路線変更を余儀なくされました。そのため、荒川を渡り、秩父へと至るルートが採用されたのです。

この橋は、花崗岩とレンガ積みによって造られており、現在も４段目をコンクリートで補強してはいますが現役で使われています。この橋を秩父鉄道の列車、特にＳＬパレオエクスプレスが渡る風景は秩父・長瀞を代表するシーンで、多くの写真・鉄道ファンに人気です。

アクセス

電　車	秩父鉄道「親鼻駅」下車徒歩約9分（親鼻河原まで） 「上長瀞駅」下車徒歩約4分（橋脚まで）
ナビ入力住所	秩父郡皆野町下田野1253（親鼻河原付近）
駐車場	あり

近くのサイト・拠点施設

■ジオサイト17：岩畳と秩父赤壁 → P.106
■ジオサイト18：虎岩 → P.108
■ジオサイト19：紅簾石片岩とポットホール → P.110
■ジオサイト20：栗谷瀬橋の蛇紋岩 → P.112
■埼玉県立自然の博物館 → P.126

※荒川河川敷、長瀞ライン下りでの見学がおすすめです。

美の山展望台

秩父市街地を望む

基本はコレ！

- ☑ 秩父盆地と盆地を取り巻く山々が一望できる絶景ポイント。
- ☑ 桜の名所であり、季節ごとに多くの花が楽しめる。夜景も素晴らしく、「日本の夜景100選」にも選ばれている。近年は、雲海スポットとしても人気。

美の山公園は埼玉県立自然公園内に位置し、標高581.5mの「蓑山（みのやま）」山頂付近にある、広さ41haの公園です。蓑山は、秩父市と皆野町にまたがる秩父では珍しい単独峰で、展望台からは秩父盆地全体を見渡せ、ジオパーク秩父の各ジオサイトの位置関係を知ることができる絶好の場所ともいえます。

両神山方向

秩父雲海

展望台から周りを見渡してみましょう。盆地を取り巻く山々は、約２億年〜約1.5億年前にプレートに乗って運ばれてきた秩父帯の岩石からなります。西方の両神山と二子山の間のひときわ低くなっているところは、山中白亜系（山中層群）の地層が広がる、長野県の佐久まで続く山中地溝帯と呼ばれる凹地帯です。

南側の秩父盆地を見てみると、荒川がつくった河成段丘の高低差がよくわかります。右に尾田蒔丘陵（高位段丘）、左に羊山丘陵（中位段丘）、その間に市街地（低位段丘）が広がります。一番古い尾田蒔丘陵の礫層は、約50万年前に荒川によって運ばれたものです。礫層の上に、八ヶ岳や北アルプスから飛来した火山灰層である関東ローム層が積もっています。そして、ここ蓑山は、長瀞でも見られる三波川帯が露出した変成岩の山で、秩父盆地の東側を区切っています。

アクセス

電車・徒歩	秩父鉄道「親鼻駅」から徒歩約1時間40分 「和銅黒谷駅」から徒歩約1時間30分 （ハイキングコース利用時）
ナビ入力住所	秩父市黒谷2372
駐車場	あり（大型バス可）

近くのサイト・拠点施設

■ジオサイト1：出牛-黒谷断層・和銅遺跡 → P.52
■ジオサイト21：前原の不整合 → P.114
■美の山インフォメーションセンター → P.127

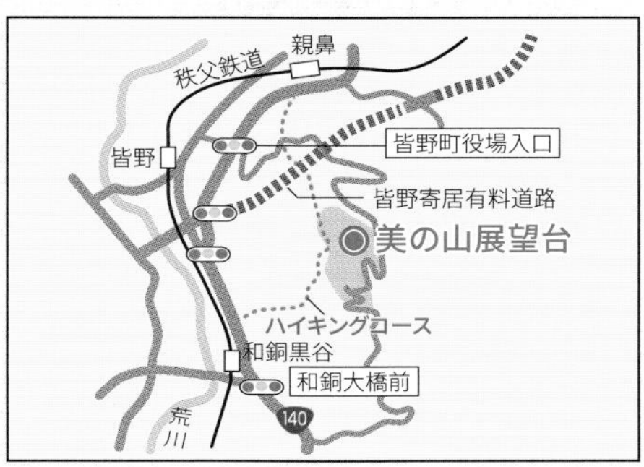

<ruby>宝登山山頂展望台</ruby>

（ほどさん）

南側の秩父盆地を望む

基本はコレ！

- ☑ 秩父盆地の北側に位置する標高497mの山で、秩父盆地と秩父連山を一望できる。頂上には宝登山神社の奥宮が鎮座し、頂上付近まではロープウェイを使って行くことができる。
- ☑ 1月下旬から2月上旬に開花するロウバイの関東有数の植栽地でもあり、季節ごとの花が楽しめ、小動物公園は子どもたちにも人気がある。

宝登山は、標高497m、秩父郡長瀞町と皆野町にまたがる山で、秩父盆地の北側に位置しています。宝登山ロープウェイで約５分間の空中散歩を楽しみながら山頂駅に着くと、山頂には２月に黄色い花を咲かせるロウバイをはじめ、季節ごとに楽しめる花の見どころがたくさんあります。小動物公園もあり、子どもにも人気です。

宝登山ロープウェイ

山頂には秩父三社の1つ、宝登山神社の奥宮が鎮座しています。宝登山神社には、ヤマトタケルが登拝した際に山火事に遭い、その火を山犬が消し助けたとの言い伝えがあります。山犬が眷属である三峯神社同様、神の使いとして崇められています。

宝登山神社

また、「桜と梅と宝登の山」として長瀞八景の1つにも選定されているほか、近年、宝登山神社が「ミシュラン・グリーンガイド・ジャポン」で1つ星を獲得するなど、注目を集めています。

頂上からは、長瀞の街並みや荒川を眼下に眺めることができます。秩父方面を眺めてみると、左手に蓑山、右手に破風山（はっぷさん）を控え、その向こうに秩父盆地と盆地を取り巻く山々をよく見渡すことができます。宝登山は、岩畳と同じ三波川帯の中にあり、山体が御荷鉾（みかぶ）緑色岩で、宝登山の周りの低い山地は結晶片岩（泥質片岩）からできています。

アクセス

電　車	秩父鉄道「長瀞駅」下車徒歩約20分 （宝登山ロープウェイ「山麓駅」） 山頂駅まではロープウェイで約5分
ナビ入力住所	秩父郡長瀞町長瀞1766-1（宝登山ロープウェイ「山麓駅」）
駐車場	あり（大型バス可）※宝登山麓駐車場ほか

近くのサイト・拠点施設

■ジオサイト16：蓬莱島 → P.104
■ジオサイト17：岩畳と秩父赤壁 → P.106
■ジオサイト18：虎岩 → P.108
■埼玉県立自然の博物館 → P.126
■長瀞町郷土資料館 → P.127

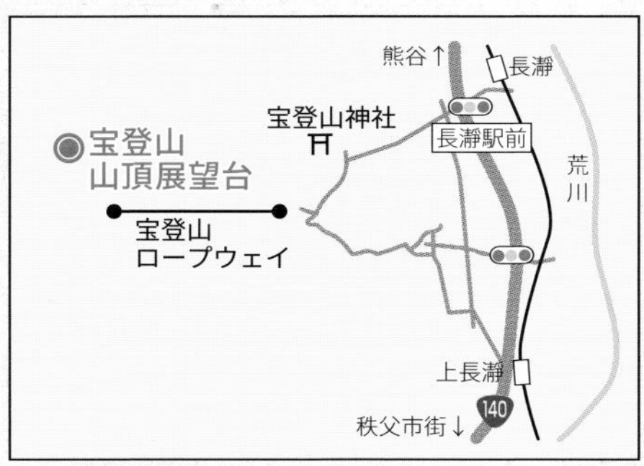

破風山山頂の展望

はっぷさん

秩父盆地東側を望む

基本はコレ！

- 秩父郡皆野町と秩父市との境にある標高626.5mの山。
- 各所で眺望が開けており、ハイキングコースも多く、初心者でも登山が楽しめる山として人気。「秩父八景」にも選ばれている。

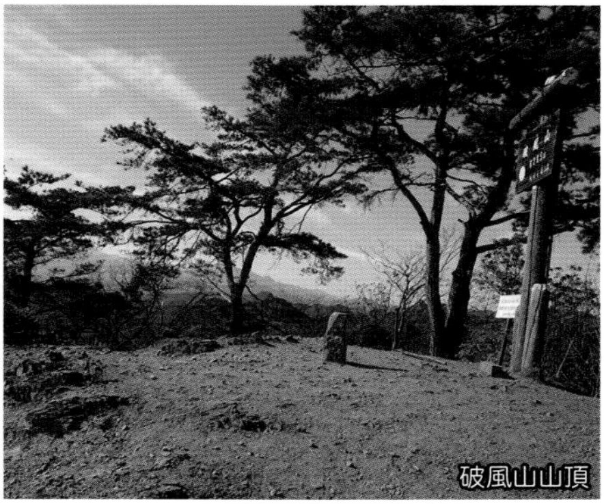
破風山山頂

秩父郡皆野町と秩父市との境にある秩父帯のチャートの岩峰・破風山（標高626.5m）は、ハイキングコースの数も多く、約２時間前後で初心者でも登山が楽しめる人気の山です。「皆野アルプス」と呼ばれるコースでは景色を楽しみながら縦走ができ、鎖場や痩せ尾根などもあるため登山の醍醐味を味わえます。

破風山は、頂上だけでなく各所で眺望が開けているのも魅力です。東には「美の山公園」がある蓑山と皆野町の街並みが広がり、南の武甲山方面を見ると、手前には秩父では珍しい田園地帯である秩父市太田地区を見渡すことができます。さらに奥には秩父の中心地、そのまた奥に盆地を取り巻く秩父帯の急峻な山々を望めます。

また、破風山は、「秩父八景」の1つにも選ばれています。「秩父八景」は、江戸時代末期～明治時代初期の秩父郡史にその記述があり、「秩父華厳の滝」「両神山」「三峰山」「武甲山」「音楽寺（札所23番）」「瑞岩寺」「破風山」「長瀞」が選ばれています。今も昔も変わらず秩父地方の名所である八景を、ジオパーク秩父の見どころとしても楽しむことができます。

アクセス

電　車	秩父鉄道「皆野駅」下車徒歩約25分で破風山登山口（大渕登山口）入口
ナビ入力住所	秩父郡皆野町大渕429（破風山登山口駐車場付近）
駐車場	あり ※各登山口駐車場ほか

近くのサイト・拠点施設

■ジオサイト20：栗谷瀬橋の蛇紋岩 → P.112
■ジオサイト21：前原の不整合 → P.114
■ジオサイト22：札所34番水潜寺の石灰岩体 → P.116
■ジオサイト23：秩父華厳の滝のメランジュ → P.118

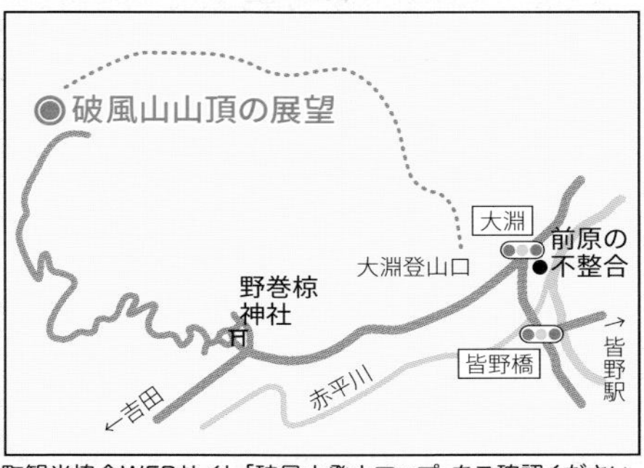

※別地点からのハイキングコースが他に数種類あります。皆野町観光協会WEBサイト「破風山登山マップ」をご確認ください。

まずはココ!

埼玉県立自然の博物館

エントランスに入ると、古代の巨大ザメ「カルカロドン(メガロドン)」の復元模型が迎えてくれます。数ある展示物の中でも特に見応えがあるものの1つが「パレオパラドキシア」の骨格標本で、古秩父湾の時代に生きた謎の海獣に出会うことができます。

博物館では、日本列島形成の歴史から秩父地域の大地の成り立ちがわかりやすく学べ、貴重な岩石標本の数も豊富です。他にも、埼玉の森林と四季の変化を体感できる大ジオラマ、さらには定期的に企画展も開催されるなど、見どころ満載です。長瀞・皆野エリアを訪問する際には、ここからスタートするのがおすすめです。

博物館の外には、「日本地質学発祥の地」の碑があります。明治時代から、多くの地質学者や学生が地質巡検に訪れてきた秩父・長瀞の地で、大正10年(1921)に開設された「秩父鑛物植物標本陳列所」の時代から自然科学・地質学の中心的な役割を担ってきた博物館は、必ず訪問したい施設です。

アクセス

電　車　　秩父鉄道「上長瀞駅」から徒歩約5分
「長瀞駅」から徒歩約15分
ナビ入力住所　秩父郡長瀞町長瀞1417-1

近くのサイト・拠点施設

■ジオサイト17:岩畳と秩父赤壁 → P.106
■ジオサイト18:虎岩 → P.108
■ジオサイト19:紅簾石片岩とポットホール → P.110
■秩父鉄道荒川橋梁 → P.122

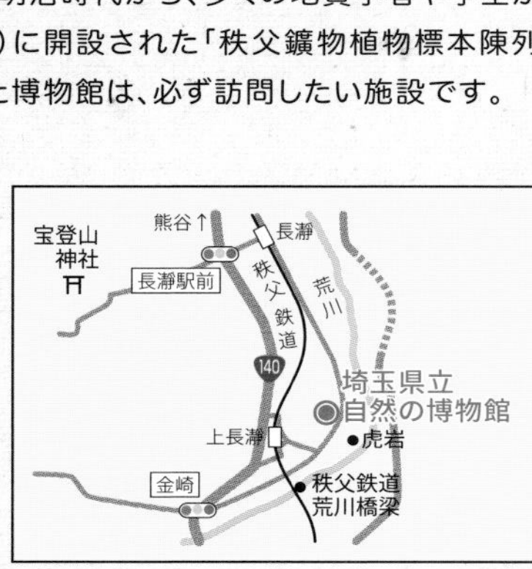

長瀞町郷土資料館

「日本地質学発祥の地」としての長瀞の歴史をはじめ、日本一の大きさを誇るという「野上下郷石塔婆」(P.119参照)の詳しい解説は見応えがあります。観光地・長瀞の歴史を解き明かす貴重な民俗資料も数多く展示されています。

その他、江戸時代の養蚕農家の形式をとどめる国の重要文化財「旧新井家住宅」や、資料館の目の前には酒蔵「長瀞蔵」があります。

アクセス

電　車　　　　秩父鉄道「長瀞駅」下車徒歩約10分
ナビ入力住所　秩父郡長瀞町長瀞1164

近くのサイト・拠点施設

■ジオサイト16:蓬莱島 → P.104
■ジオサイト17:岩畳と秩父赤壁 → P.106
■ジオサイト18:虎岩 → P.108
■宝登山山頂展望台 → P.124
■埼玉県立自然の博物館 → P.126

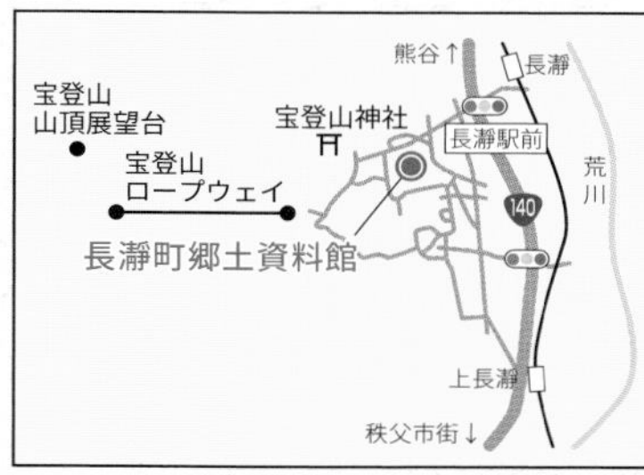

美の山インフォメーションセンター

秩父盆地を一望できるビューポイント「美の山公園」内にあり、ジオパーク秩父の紹介や、秩父の自然に関する展示、四季折々の花々や、展望台から見ることができる雲海の写真の展示などがあります。

美の山公園は桜、アジサイ、ツツジの名所としても有名です。

アクセス

電車・徒歩　　秩父鉄道「親鼻駅」から徒歩約1時間40分
　　　　　　　「和銅黒谷駅」から徒歩約1時間30分
　　　　　　　(ハイキングコース利用時)
ナビ入力住所　秩父市黒谷2372

近くのサイト・拠点施設

■ジオサイト1:出牛-黒谷断層・和銅遺跡 → P.52
■ジオサイト21:前原の不整合 → P.114
■美の山展望台 → P.123

吉田・小鹿野・両神エリア

西秩父ともいわれる旧吉田町（2005年秩父市と合併）、小鹿野町、旧両神村（2005年小鹿野町と合併）は、上武山地を境に群馬県と接するエリアです。東側は、古秩父湾で堆積した新生代の地層が点々と露出しています。秩父盆地から赤平川を遡ると、両側を秩父帯の山にはさまれた幅2〜4kmの帯状の凹地「山中地溝帯」が志賀坂峠を越えて長野県佐久穂町まで約40km続いています。当地には中生代ジュラ紀の秩父帯の上に堆積した白亜紀の地層である山中白亜系が分布していて、アンモナイトやオウムガイなどの化石が見つかっています。

塚山
城峯山
札所34番水潜寺の
石灰岩体
秩父華厳の滝の
メランジュ
23
22
前原の不整合
21
毘沙門水
合角ダム
(西秩父桃湖)
秩父小柱IC
阿
熊
川
秩父市役所
吉田総合支所
子ノ神の滝
25 白砂公園の白沙砂岩層
倉尾ふるさと館
24
道の駅
龍勢会館
吉田川
吉田椋神社
皆野秩父バイパス(有料)
30 札所31番観音院と
岩殿沢石
26 取方の大露頭
赤
平
川
四季の道小鹿野展望台
菊水寺
33
27 藤六の海底地すべり跡
31 犬木の不整合
旧寿旅館
おがの化石館
28 ようばけ
小鹿野町役場
両神庁舎
小鹿野町役場
小鹿野庁舎
荒
川
道の駅
両神温泉薬師の湯
般若の丘公園
ちちぶ
四阿屋山
29
札所32番法性寺の
お船岩とタフォニ
せいぶちちぶ
堂上のセツブンソウ自生地
般若川
140
かげもり
御岳山
0
2km

吉田・小鹿野・両神エリア

ジオサイト
24

子(ね)ノ神の滝

基本はコレ！

- 高さ、幅ともに約13mある美しい滝。滝がある岩壁は、1600万年前の古秩父湾の海底に堆積した凝灰質砂岩が露出したもの。（秩父市指定名勝）
- 滝は断層面を流れており、断層破砕帯が阿熊（あぐま）川の侵食を受けて滝となったと考えられている。

アクセス

バス　西武鉄道「西武秩父駅」または秩父鉄道「秩父駅」から西武観光バス「吉田元気村・吉田総合支所ゆき」の「龍勢会館」下車徒歩約15分

ナビ入力住所　秩父市下吉田7312-2（現地付近）

駐車場　あり ※現地看板付近の空地に駐車できます

近くのサイト・拠点施設

■ジオサイト25：白砂公園の白沙砂岩層 → P.132
■ジオサイト26：取方の大露頭 → P.134
■ジオサイト27：藤六の海底地すべり跡 → P.136
■ジオサイト28：ようばけ → P.138
■おがの化石館 → P.157

※階段部分に一部危険箇所がありますので滝下に行く際には十分お気を付けください。

阿熊川の峡谷

子ノ神の滝は、城峯（じょうみね）山（1038m）を水源として流れる阿熊川にある滝で、秩父盆地にある滝としては規模も大きく、高さ・幅ともに約13mあります。滝頭はおよそ1600万年前（新生代新第三紀中新世）の古秩父湾の海底に堆積した比較的硬い凝灰質細粒砂岩（子ノ神層）が露出しています。滝の右岸と左岸下流には、東西方向の岩が砕かれた断層破砕帯が見られ、この断層が滝をつくったものと考えられます。また、この付近はチチブホタテなどの海棲貝類化石が多く採集されることが知られています。

遊歩道を通って阿熊川の川原に下りると、上流側に滝を望むことができます。下流約40mにかけて峡谷を形成し、滝を含む周辺は四季を通じて美しい景観に彩られています。子ノ神の滝は、平成12年（2000）に秩父市指定名勝（当時は吉田町指定）になっています。

滝の近くには、10月第2日曜日に椋（むく）神社の例大祭の付祭りとして開催される「龍勢祭（りゅうせいまつり）」で使用する打ち上げ櫓があります。龍勢とは、27の流派が製作する手製のロケットで、約400年の歴史があると伝わっています。この櫓にかけられた約20mの龍勢が点火されると、白煙を残しながら空高く打ち上がります。平成30年（2018）には「秩父吉田の龍勢」として国重要無形民俗文化財の指定を受けました。

龍勢祭の打ち上げ櫓と龍勢

ここにも行ってみよう！

道の駅龍勢会館
秩父の名産品やグルメを楽しめる道の駅。併設された龍勢会館では1年を通じて龍勢祭が楽しめる。

秩父事件資料館（井上伝蔵邸）
明治17年（1884）に起こった日本近代史上最大の農民蜂起事件を今に伝える資料館。道の駅に併設されている。

椋神社
龍勢祭が有名であり、秩父事件の困民党軍決起の地としても知られる秩父の古社。本殿は秩父市の有形文化財に指定されている。

下吉田フルーツ街道
ぶどうやいちご農家が並び、フルーツ狩りが楽しめる。近くにはワイナリーやチーズ工房もある。

白砂（しらすな）公園の白沙（しらす）砂岩層

岩山から武甲山方面を望む

基本はコレ！

- 古秩父湾ができたばかりのころに堆積した白くて目の粗い砂岩「白沙砂岩」の岩盤上に整備された公園。
岩山の頂上からの眺めは抜群。
- 毎年3月下旬～4月中旬には、園内に自生している約5000株のカタクリの花を遊歩道を散策しながら楽しむことができる。

アクセス

バ　ス　西武鉄道「西武秩父駅」または秩父鉄道「秩父駅」から西武観光バス「吉田元気村・吉田総合支所ゆき」の「白砂公園」下車徒歩約5分
ナビ入力住所　秩父市吉田久長420
駐車場　あり

近くのサイト・拠点施設

■ジオサイト24：子ノ神の滝 → P.130
■ジオサイト26：取方の大露頭 → P.134
■ジオサイト27：藤六の海底地すべり跡 → P.136
■ジオサイト28：ようばけ → P.138
■おがの化石館 → P.157

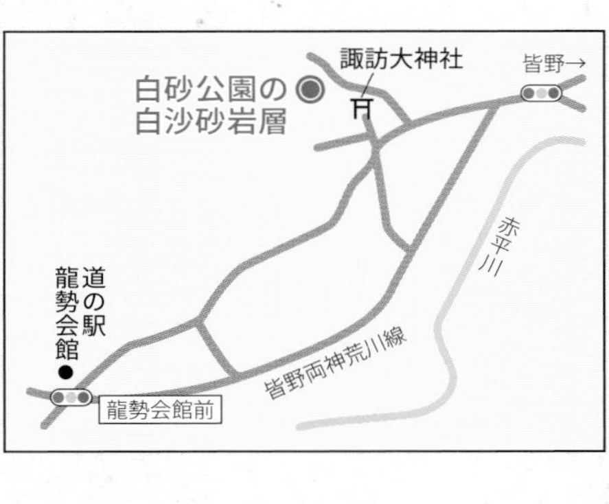

秩父市吉田にある道の駅龍勢会館から北東に位置する白砂公園は、花崗質砂岩の大規模な岩盤上に整備された公園です。園内には松、ツツジ、カタクリが自生し、県の自然環境保全地域に指定されています。

園内にある岩山は、古秩父湾ができたばかりのころに堆積した白い砂岩でできています。この砂岩は、石英（せきえい）、長石（ちょうせき）、雲母（うんも）を主成分とした目の粗い硬くしまった花崗質砂岩で、白沙砂岩と呼ばれています。露岩には石灰岩地の岩場と共通の植物が自生しています。また、露頭の一部には風化現象によってできた「タフォニ」という奇岩も見られます。岩山の上からの秩父盆地とそれを囲む山々の眺望は抜群です。

白砂公園の奇岩「タフォニ」

岩の上の遊歩道

3月下旬～ 4月中旬には、園内のカタクリの花が見頃を迎えます。北向き斜面1000㎡の広さに約5000株のカタクリの花が開きます。カタクリの群生地を巡る遊歩道の先には、岩山の頂上へ続く道があります。砂岩の小高い岩山を手すりづたいに登ると、ちょっとしたロッククライミング気分が味わえ、晴れた日には素晴らしい景色が一望できる、散策にはもってこいの気持ちのよい公園です。

ちょこっと豆知識 久長（ひさなが）の獅子舞

白砂公園の隣にある諏訪大神社は、毎年4月第1土曜日の例祭で舞われる「久長の獅子舞」（秩父市指定無形民俗文化財）で有名です。慶安５年(1652)、領主より「ひぐち流御前ザサラ」の名称をいただいたと伝わり、幾たびの消長を経ながらも現在10庭が継承されている歴史ある獅子舞です。白足袋に袴をつけて舞われ、悪魔祓いのご利益があるとされています。祭りでは子どもたちによるとても可愛らしい獅子舞も披露されます。

ジオサイト 26

取方（とりかた）の大露頭

基本はコレ！

- 約1600万年前、古秩父湾が深海だったころの海底扇状地に積もったくっきりとした縞模様の「タービダイト」という地層が観察できる。幅約800mにわたる大きな露頭で、国の天然記念物に指定されている。
- 海底で起こった地すべりにより地層が曲がった「スランプ褶曲（しゅうきょく）」や、古秩父湾の海底に積もった地層が傾斜し、その上に水平な河成段丘堆積物が重なる「傾斜不整合」が観察できる。

アクセス

バス　西武鉄道「西武秩父駅」または秩父鉄道「秩父駅」から西武観光バス「吉田元気村・吉田総合支所ゆき」の「吉田下橋」下車徒歩約15分

ナビ入力住所　秩父市下吉田427（現地付近）

駐車場　あり（大型バス可）

近くのサイト・拠点施設

■ジオサイト24：子ノ神の滝 → P.130
■ジオサイト25：白砂公園の白沙砂岩層 → P.132
■ジオサイト27：藤六の海底地すべり跡 → P.136
■ジオサイト28：ようばけ → P.138
■おがの化石館 → P.157

吉田川との合流点の南、赤平川の右岸に幅約800mに及ぶ巨大な露頭があり、吉田取方総合運動公園を取り囲んでいます。

この取方の大露頭で見られるくっきりとした縞模様の地層は「タービダイト」といわれる、深海の海底扇状地の堆積物です。陸から流れ込んだ泥や砂は、海の波により大陸棚に広がりますが、深海には届きません。大地震などが起こると大陸棚から砂や泥が深海底に混濁流となって流れ込み、粒子が荒い砂は先に、細かい泥はゆっくり沈みます。これが繰り返されることできれいな縞模様になりました。

スランプ褶曲

地層はほぼ水平に堆積したものですが、地殻変動により南（右側：秩父盆地の中心）に約30度傾いています。また、地層が大きく曲がっているところも観察できます。これは、古秩父湾が深海であった約1600万年前、北側の山地が隆起して南側が沈んでいったとき、まだ固まっていない海底の地層が地震などによってゆるい斜面をすべり落ちた「海底地すべり」に巻き込まれたり、折り畳まれたりしたもので、「スランプ褶曲」といいます。

解説看板のあたりの露頭の上部には、右側に傾いた地層の上に、水平な地層が乗った「傾斜不整合」が見られます。下の地層が約1600万年前の古秩父湾の時代にできてから、地殻変動により傾いて隆起し、赤平川などの川により上部が侵食され、その上に約2万年前の段丘堆積物が積もったことがわかります。

なお、解説看板のあたりの地層は右側に約30度傾いて見えるのに、上流の崖では水平に見えます。これは、地層が曲がっているのではなく、崖の向きが違うからです。

傾斜不整合

ちょこっと豆知識　お坊さんの無念の地、トサン淵

取方の大露頭の不整合の下にある川の深みを「トサン淵」といいます。室町時代末期の戦国の世であった永禄3年（1560）、北条勢の侵入を武田勢へ報告しようとした土佐の坊（とさのぼう）という僧がいました。ホウキグサをムチの代わりに馬を走らせましたが、すでに敵に囲まれ逃げ切れず、崖から赤平川の淵へ身を投げたそうです。「土佐の坊の淵」が転じて「トサン淵」と呼ばれるようになったといわれています。土佐の坊が持っていたホウキグサの種が芽を出してトサン淵に自生したとされ、「まかずのほうき」と呼ばれています。このホウキグサを持ち帰ると土佐の坊の霊が災いをもたらすと伝わっています。

ジオサイト
27

藤六（とうろく）の海底地すべり跡

基本はコレ！

☑ 古秩父湾があった時代、山地の隆起によって海底に斜面ができ、まだ固まっていなかった海底の堆積物が地震などによってすべり落ち、グニャリと曲がった地層（スランプ褶曲：しゅうきょく）が観察できる場所。（秩父市天然記念物）

アクセス

バ　ス	西武鉄道「西武秩父駅」または秩父鉄道「秩父駅」から西武観光バス「小鹿野車庫ゆき」または「栗尾ゆき」の「泉田」下車徒歩約25分
ナビ入力住所	秩父市下吉田1239（現地付近）
駐車場	なし

※周辺の民地に駐車する場合は必ず管理者の許可を得てください

近くのサイト・拠点施設

■ジオサイト26：取方の大露頭 → P.134
■ジオサイト28：ようばけ → P.138
■おがの化石館 → P.157

取方の大露頭から赤平川の上流へ向かうと、ようばけに至る途中、小坂下（こさかげ）の右岸に見事な褶曲が見られます。ここは「海底地すべりの跡（スランプ褶曲）」として秩父市の天然記念物にも指定されています。

褶曲とは、通常平行に積み重なっている地層がグニャリと曲がっている箇所をいいます。約1600万年前、この地が古秩父湾の海底であった時代、北側の山地が隆起して南側（秩父盆地の中心）が沈んでいくとき、まだ固まっていない海底の堆積物が地震などによって斜面をすべり落ちてできた「海底地すべり」によるもので、これによってできた褶曲を「スランプ褶曲」といいます。

札所33番延命山菊水寺から南に650mほどの車道脇に案内板があり、そこから川原に下りられますが、急坂でロープを伝って下りる箇所もあるので、無理をせずに自動車で左岸の藤六側に回りましょう。対岸からもよく観察できます。藤六側の上流へ歩いていくと、海底の泥を水流が削り取った跡である底痕（ていこん）・流痕（りゅうこん）や、滝を見ることができます。

スランプ褶曲のでき方

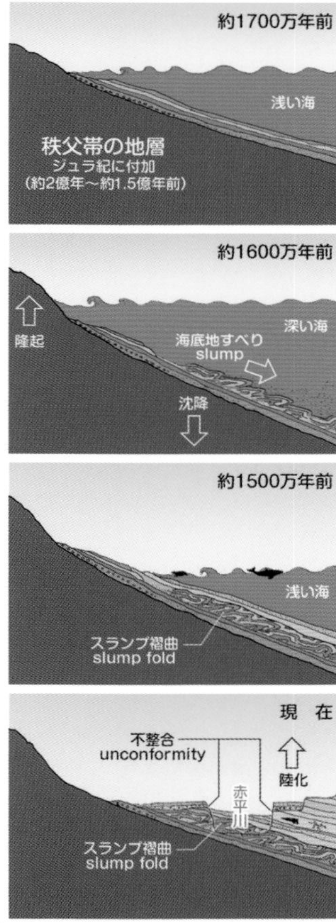

ちょこっと豆知識　菊水寺よもやま話

海底地すべり跡がある「小坂下※」の東側にある「八人峠」は、８人の盗賊たちが地名の由来といわれています。旅の僧（行基菩薩とされる）の戒めにより盗賊たちは改心して仏道に入り、麓に湧く「菊水の霊泉」で身を清めたと伝わります。ところで、現在の菊水寺の入口にある石碑には「菊水紋」が彫られていますが、海底地すべり跡に何となく似ているような……。菊水の霊泉の伝説もあいまって、何か不思議なつながりを感じてしまいます。

※「藤六」は、海底地すべり跡の対岸側の地名です。

ようばけ

基本はコレ！

- ☑ 古秩父湾の地層のうち、約1550万年前の浅い海であった時代の生物の化石を多く産出し、海の生物の楽園であった当時を象徴的に物語る場所。
国の天然記念物に指定され、「日本の地質百選」にも選ばれる秩父を代表する大露頭。
- ☑ ようばけ近くの「おがの化石館」隣には、大正5年（1916）に地質巡検で秩父を訪れた宮沢賢治と、その親友である保阪嘉内（かない）の友情の歌碑がある。

アクセス

バ　ス　西武鉄道「西武秩父駅」または秩父鉄道「秩父駅」から西武観光バス「小鹿野車庫ゆき」または「栗尾ゆき」の「泉田」下車徒歩約20分（おがの化石館まで）

ナビ入力住所　秩父郡小鹿野町下小鹿野453（おがの化石館）

駐車場　あり（大型バス可）※おがの化石館駐車場

近くのサイト・拠点施設

■ジオサイト26：取方の大露頭 → P.134
■ジオサイト27：藤六の海底地すべり跡 → P.136
■旧寿旅館（小鹿野町観光交流館） → P.152
■おがの化石館 → P.157

※川原に下りる際には落石に十分注意してください。ようばけのある対岸への立ち入りは禁止されています。

昔の人が、畑の日が暮れてもしばらく陽が当たって輝くこの大きな崖を見て、太陽の当たる崖という意味で「ようばけ」と呼んだといわれます。「ハケ」とは崖の古い言い方です。高さ約100m、幅約400mに及ぶこの露頭は、秩父盆地に厚く堆積している約1550万年前の新第三紀の地層が侵食されてできたもので、「日本の地質百選」に選ばれています。

赤平川から見上げたようばけ

この地層は、古秩父湾がだんだん浅くなっていったころの海底（水深約20m 〜 200m）で堆積したもので、崖の下半部の泥質砂岩を「奈倉（なぐら）層」、上半部の粗い縞模様の砂岩泥岩互層を「鷺ノ巣（さぎのす）層」と呼んでいます。最近では、これらはまとめて「秩父町層下部」とも呼ばれ、秩父盆地の南西部から中央そして北東部まで、盆地内に広く分布している地層です。

暖流が流れ込んだ暖かな海底に堆積したこの地層からは、パレオパラドキシア、チチブクジラ、サメ、ウミガメ等の脊椎動物化石や貝、カニ、ウニなどの化石がたくさん見つかり、特にようばけ周辺は古くから多くのカニの化石が産出されることで有名です。

土地の隆起に伴い、ようばけは約10万年前から赤平川の侵食を受け、崖になりました。約13万年前の赤平川の流れは今よりも約50m高いところにあり、伊古田（いこた）や品沢（しなざわ）の谷へも流れていました。その後、大地の隆起と川の侵食が進むにつれて本流の川面が下がると、伊古田や品沢へは川が流れ込まなくなり、赤平川は地層の断面に衝突するようになって流れも曲がり、削られて大きな崖となりました。ちなみに、ようばけの北側には「はさみばけ」という崖があります。ようばけは現在も赤平川の攻撃斜面にあるため侵食が進んでいますが、川面が下がって「はさみばけ」の崖からは川の流路が離れたため、はさみのような谷がそのまま残ったと考えられます。

ようばけの近くにあるおがの化石館は、パレオパラドキシアの骨格模型や、当地産出の化石や世界の化石などが展示されています。２階にはようばけが観察できる望遠鏡もあります。

外には、宮沢賢治と、賢治の親友である保阪嘉内の歌碑があります。賢治が大正5年（1916）、嘉内は翌年、盛岡高等農林学校の地質見学旅行で秩父を訪れた際に詠まれたものです。

宮沢賢治と保阪嘉内の歌碑とようばけ

ジオサイト
29

札所32番法性寺のお船岩とタフォニ

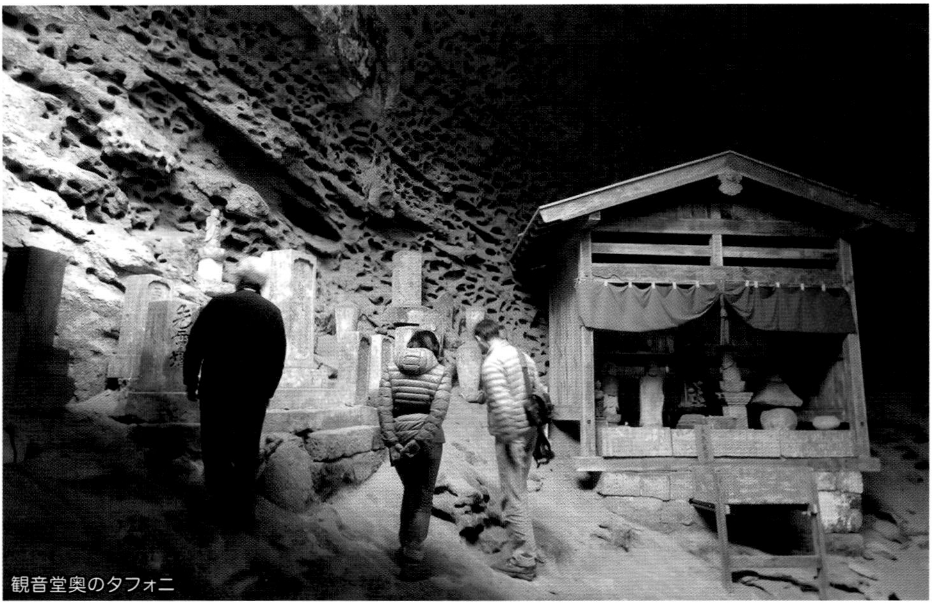
観音堂奥のタフォニ

基本はコレ！

- ☑ 観音堂の裏手は、大きな「タフォニ」という岩窟になっていて、中に蜂の巣状の多数の穴（ハニカム）が見られる。これは岩石の中の塩類が表面に染み出し、結晶化して岩石の表面を崩したもの。
- ☑ 船のへさきのように突き出した断崖絶壁の巨大な砂岩「お船岩」があり、その先には「お船観音」が安置されている。ここは秩父盆地を見渡せる絶景ポイントになっている。

アクセス

バ　ス　西武鉄道「西武秩父駅」から小鹿野町営バス「薬師の湯ゆき」の「長若中学校前」下車徒歩約30分、または西武観光バス「小鹿野車庫ゆき」または「栗尾ゆき」の「松井田」下車徒歩約50分

ナビ入力住所　秩父郡小鹿野町般若2661

駐車場　あり（大型バス可）

近くのサイト・拠点施設

■ジオサイト28：ようばけ → P.138
■旧寿旅館（小鹿野町観光交流館） → P.152
■おがの化石館 → P.157

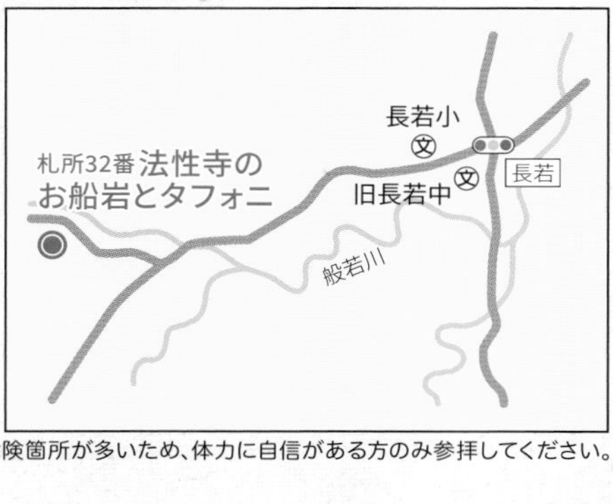

※奥の院までは危険箇所が多いため、体力に自信がある方のみ参拝してください。

小鹿野町立長若（ながわか）小・旧中学校脇の道を西に向かい、橋を渡って右に折れると札所32番般若山（はんにゃさん）法性寺の鐘楼門に着きます。宝永7年（1710）に建てられ、1階に仁王像、2階に鐘を吊るした珍しいものです。石段途中右側の石灯籠は、徳川家の菩提寺である芝の増上寺（東京都港区）にあったものです。また、この寺には、長享2年（1488）に書かれた秩父の札所番付があり、現在の順番は、江戸からの巡礼者向けに変えられたことがわかります。

右に砂岩層を見ながら、「秩父の苔寺」ともいわれる苔むした境内の石段を上ると、懸造りの観音堂があります。裏は「タフォニ」という岩崖になっていて、蜂の巣状の構造の奇妙な穴（ハニカム）が多数見られます。岩石の中の塩類が表面に染み出し、水が蒸発すると塩類の結晶が成長し、岩石の表面を崩していく風化現象によってできたものです。

鐘楼門

岩の間から奥の院へ

龍虎岩

お船岩

少し戻って、沖縄の世界遺産・斎場御嶽（せーふぁうたき）に似ている岩の間をくぐって山道を登ります。鎖を頼りに進むため注意が必要です。途中にもタフォニがところどころに見られ、金毘羅様が祀られた「龍虎岩」や十三仏が安置された岩窟などの見どころがあります。

さらに進んでいくと、「お船岩」と呼ばれる大きな船のへさきのように突き出た砂岩の上に出ます。この砂岩は、ようばけの下部と同じ「奈倉層（秩父町層下部）」です。ここが札所32番法性寺の奥の院で、南側に登った鉄梯子の上の岩窟には大日如来像が、北側の断崖絶壁の岩の上にはお船観音像があります。恐怖を克服して岩上を進むと、秩父盆地がよく見渡せる絶景ポイントになっています。

ジオサイト
30

札所31番観音院と岩殿沢石(いわどのさわいし)

基本はコレ！

- 観音堂の周りにある巨大な岩壁は、約1700万年前、秩父盆地が陥没し、海が入り始めた時代に海底に積もった砂岩。
  岩壁を流れ落ちる高さ30mの「聖浄の滝」の傍らの岩壁には、磨崖仏(まがいぶつ)がびっしり刻まれている。（県指定史跡）
- 山門には日本一の大きさを誇る一枚岩の石造仁王像がある。この像をはじめ、石仏や石垣などは、「岩殿沢石」と呼ばれる当地産出の凝灰質砂岩でできている。この岩殿沢石は、古くから秩父地方で使われてきた代表的な石材の1つ。

アクセス

バ　ス	西武鉄道「西武秩父駅」または秩父鉄道「秩父駅」から西武観光バス「栗尾ゆき」終点「栗尾」下車徒歩約1時間（栗尾から山門まで約45分、山門から本堂まで296段の石段を約15分上る）
ナビ入力住所	秩父郡小鹿野町飯田観音2211
駐車場	あり

近くのサイト・拠点施設

■ジオサイト31：犬木の不整合 → P.144
■ジオサイト32：皆本沢の礫岩 → P.146

※石段が多く体力が必要です。なお、西奥の院へは立ち入り禁止です。

札所31番鷲窟山（しゅうくつさん）観音院の山門では、明治元年（1868）完成の日本一大きな一枚岩の石造仁王像が待ち受けています。

仁王像には、境内の石塔、石仏、石垣などとともに、裏山の観音山、東側の大石山から切り出された凝灰質砂岩が使われています。この砂岩は、「岩殿沢石」といい江戸時代から石材として秩父地方で多く利用されてきました。札所４番金昌寺の石仏群もこの岩殿沢石でつくられており、道端に置かれた石材を「功徳石」と呼び、巡礼者が少しずつ運んだといわれています。

埼玉県指定史跡「鷲窟磨崖仏」

296段もの石段を上っていくと、巨大な岩壁を背に観音堂があり、神秘的な雰囲気に包まれています。お堂の周りの岩壁は、盆地内の最下部の地層（約1700万年前の新第三紀中新世）で、石英や長石の小石がまじった砂岩でできています。秩父盆地が陥没し、海が入り始めたころに堆積したものです。堆積時の海底の水の流れの跡を示す薄い層「斜交葉理（しゃこうようり）」も見られます。各所にある岩窟には石仏が納められ、秩父札所が修験道から起こったことを感じさせます。

高さ30mもある「聖浄の滝」の左手の岩壁には、小さな磨崖仏がびっしりと刻まれています。埼玉県指定史跡「鷲窟磨崖仏」です。かつては岩壁一面にあったともいわれる室町時代の作ですが、弘法大師（空海）が一夜にして彫ったとの伝説もあります。

球状の塊（ノジュール・団塊）

東奥の院に行くと「馬の足跡岩窟」があります。砂岩中の球状の塊（ノジュール：石灰質団塊）の断面が、馬の蹄鉄の跡のように見えることから名付けられたと考えられます。

ちょこっと豆知識　流れ者の花崗岩

観音院の入口近くには牛首峠へ至る山道があります。沢沿いには、断層深部で変成しながら成分が壊れずに固まった（マイロナイト化した）花崗岩が観察できます。この地に火成岩の地層はないので、かつてここより西側に露出していた地層から流れ込んで堆積したものと考えられます。 牛首峠には、鉢形城の支城であった「日尾城」の遺構があります。逸話が多い城ですが、北条氏の筆頭家老であった諏訪部定勝の居城だった時代、永禄12年（1569）に武田勢から攻められた際、定勝が泥酔していたため、奥方が代わりに陣頭指揮を執り、撃退したという逸話も伝わっています。

ジオサイト
31

犬木の不整合

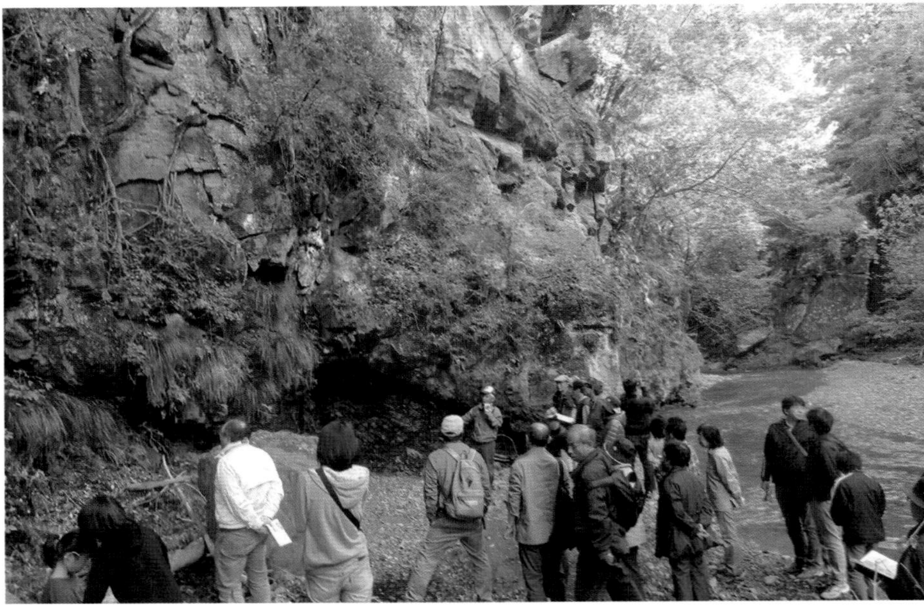

基本はコレ！

- ☑ 約1700万年前から約1500万年前まで、秩父盆地内に存在した古秩父湾が誕生した時代の地層が見られる。
- ☑ 露頭の下部には、恐竜時代の約1億年前の海と、哺乳類時代の古秩父湾の海底でできた地層が、約1億年の時間を隔てて接している「不整合」を観察できる。国の天然記念物に指定されている。

アクセス

バ　ス　西武鉄道「西武秩父駅」または秩父鉄道「秩父駅」から西武観光バス「小鹿野車庫ゆき」または「栗尾ゆき」の「小鹿野役場」で「坂本ゆき」に乗り換え「徳蔵院前」下車徒歩約10分

※運転手の方にお願いすれば不整合前での降車もできます

ナビ入力住所　秩父郡小鹿野町三山41（現地付近）

駐車場　あり

近くのサイト・拠点施設

■ジオサイト30：札所31番観音院と岩殿沢石 → P.142
■ジオサイト32：皆本沢の礫岩 → P.146

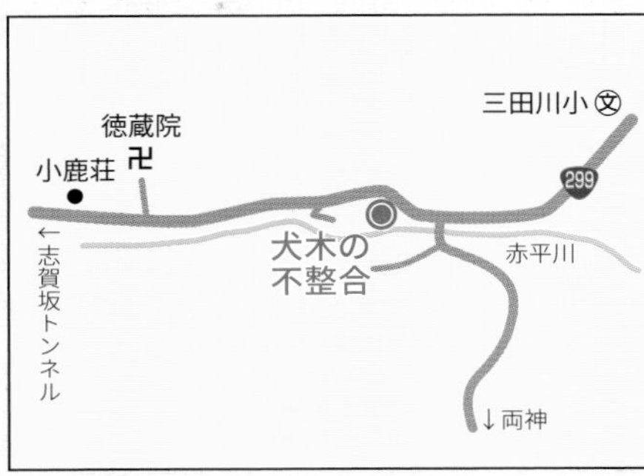

秩父盆地の西にある小鹿野町は、西方から流れ込む赤平川の段丘上に発達した古い町です。国道299号を西に進むと三田川（みたがわ）地区に入り、鉄砲まつりで知られる飯田を過ぎると、急に山が迫り狭い谷に入ります。駐車場近くの見学路入口から赤平川へ下り、下流へ歩くと左岸に典型的な不整合があります。

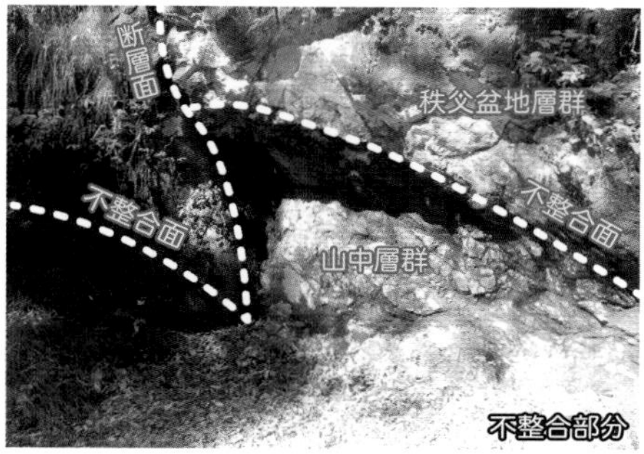

犬木の不整合は、前原の不整合とともに、古秩父湾誕生の地といえる場所です。露頭面左下に見られる黒色の泥岩は、約1.3億年～約１億年前の中生代白亜紀前期（恐竜の時代）に堆積した泥岩層です。その上には、古秩父湾が存在した約1700万年～約1500万年前の新第三紀中新世（哺乳類の時代）に堆積した砂岩や礫岩があります。約１億年の時間を隔ててそれぞれの地層が接しているのです。

このように、２つの層の間に大きな時間的不連続が認められる関係を「不整合」といいます。基底礫岩（地層がたまり始めたときに堆積した礫岩）がまん丸で、海岸の礫の特徴を示しています。下流の中新世の地層からはパレオパラドキシアの骨化石が見つかっています。

ここより西は、山中白亜系（山中層群）の地層が広がる地域で、群馬県を経て、長野県佐久穂町まで続く凹地帯になっています。アンモナイトや三角貝、植物化石がたくさん見つかっており、群馬県側では恐竜の化石も見つかっています。

ちょこっと豆知識　「ごんごろう落し峠」ヨタ話

三田川から両神へ抜ける峠には、その名にまつわるおかしな話が伝わっています。ここを通った武将・鎌倉権五郎景政（峠を抜けたところにある御霊神社に祀られている）、もしくは村人の権五郎さんが落ちたとか、村人が大切な五合の品（お米？）を落としたとか、ケチな馬方にエサを減らされて喘いだ馬が「今朝は五合落とした」と言ったとか、落語みたいな話ばかりです。両神側の入口に「五合峠」と彫られた道標石があり、「三合落岳」という山もあるので単に高さのことでは、なんて話も。ジオパーク的には、峠は古秩父湾の軟らかい地層にあり、ごろごろ落石があるとか、貝の化石がごろごろ出るとか、そんなところでしょうか……。

ジオサイト
32

<ruby>皆本沢<rt>みなもとざわ</rt></ruby>の礫岩

基本はコレ！

- 皆本沢がある谷は、恐竜の時代である約1.3億年〜約1億年前に堆積した山中白亜系（山中層群）の地層が広がるところ。
- ここで見られる礫岩には、さらに古い秩父帯（約2億年〜約1.5億年前）のさまざまな礫が入り込んでいる。
- 宮沢賢治も、盛岡高等農林学校に在籍していた際、大正５年（1916）の秩父地質巡検で、旧寿旅館（小鹿野町観光交流館）に宿泊して、この地を訪れている。

アクセス

バ　ス　西武鉄道「西武秩父駅」または秩父鉄道「秩父駅」から西武観光バス「小鹿野車庫ゆき」または「栗尾ゆき」の「小鹿野役場」で「坂本ゆき」に乗り換え「黒竹」下車徒歩約10分
ナビ入力住所　秩父郡小鹿野町三山1251（現地付近）
駐車場　なし
※周辺の民地に駐車する場合は必ず管理者の許可を得てください

近くのサイト・拠点施設

■ジオサイト30：札所31番観音院と岩殿沢石 → P.142
■ジオサイト31：犬木の不整合 → P.144
■ジオサイト33：二子山の石灰岩岩壁 → P.148

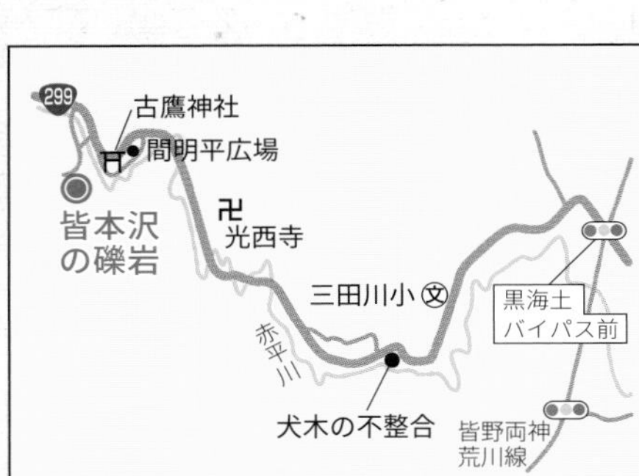

国道299号を小鹿野町の街なかから進んでいくと谷間に入ります。その先は、恐竜の時代である約1.3億年～約１億年前の山中白亜系（山中層群）の地層が広がる地域です。ひときわ開けたところにある間明平（まみょうだいら）は、旧三山村の村社だった古鷹（こたか）神社があり、この地区の中心地です。神社を通り越して国道から左手にそれ、橋を渡ると皆本沢に入ります。亀の甲羅に似た模様の「亀甲石（きっこうせき）」（小鹿野町観光交流館に展示）が見つかり、愛石家の間では話題になった場所で、山中白亜系の地層がよく観察できるところです。

花崗岩類（右手前）の入った礫岩

ここで見られる礫岩の中には、当地の地層よりも古い秩父帯（約２億年～約1.5億年前）のさまざまな礫が入っています。周辺の地域では現在見られない古い花崗岩類も含まれていることからも、当地の地層が堆積した時代、周辺にあった古い地層の礫がこの谷へ流れ込んだと考えられています。沢の入口近くの切り通しでは、砂岩や泥岩の互層が観察できます。

垂直に立った地層は、粒子の大きさの変化を見ることで堆積したときの上下を判断できます。水中で砂や泥が堆積する際、粗い粒子ほど先に沈むので下位に、細かい粒ほどゆっくり沈むので上位に積もります。これを分級作用といいます。

砂岩や泥岩の互層

また、平成23年（2011）に発見された旧寿旅館（小鹿野町観光交流館）の当主の日記に、「盛岡高等農林学校生徒職員一行25人宿泊す」「9月4日　三田川村三山源沢（現・皆本沢）に向われ……」の記録があり、宮沢賢治が皆本沢を訪れていることがわかりました。古鷹神社には、賢治の足跡を記念して歌碑が建てられています。

ちょこっと豆知識　沼里（ぬまり）の背斜（はいしゃ）構造

皆本沢の礫岩がある場所から沢の上流へ向かう林道を進むと「沼里」という場所に出ます。ここでは、背斜構造と呼ばれる地層の形が見られます。これは、もともと海底で平らに堆積した地層が水平方向に圧縮を受け、このような褶曲（しゅうきょく）構造をつくったものと考えられます。山の形に折れ曲がり、下部の古い地層が中心にきています。

ジオサイト
33

二子山の石灰岩岩壁

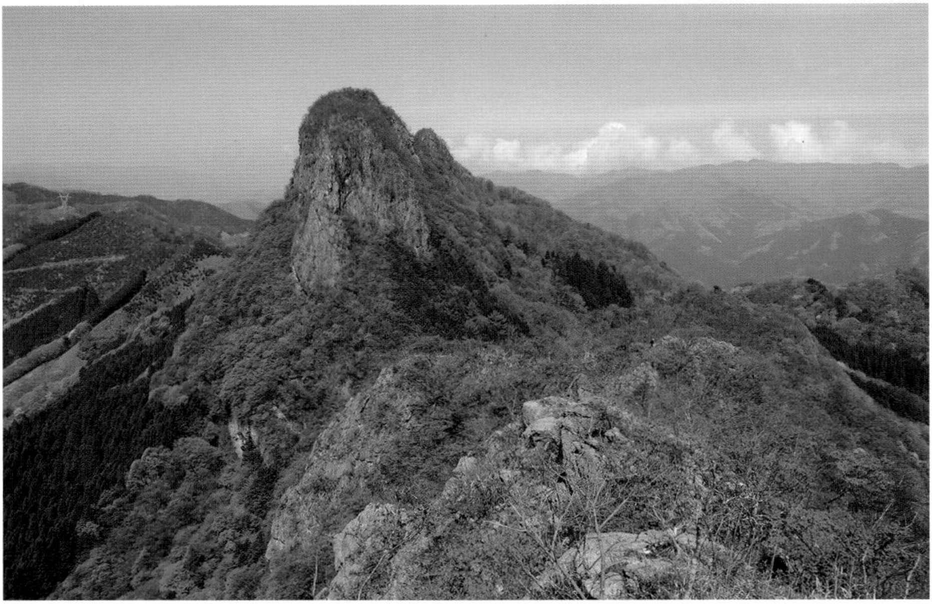

基本はコレ!

- 切り立った2つの山頂を持つ秩父帯の石灰岩の岩山。
武甲山と同様に遠い南洋で生まれ、プレートに乗って移動し、大陸に押し付けられた。
フズリナ(紡錘虫:ぼうすいちゅう)やウミユリなどの化石が見つかっている。
- 首都圏からのアクセスのよい本格的なロッククライミングの名所としても有名で、シーズンには登山客が訪れている。

アクセス

バ　ス　　西武鉄道「西武秩父駅」または秩父鉄道「秩父駅」から西武観光バス「小鹿野車庫ゆき」または「栗尾ゆき」の「小鹿野役場」で「坂本ゆき」に乗り換え「坂本」下車徒歩約30分で坂本登山口付近
ナビ入力住所　秩父郡小鹿野町河原沢2775 (坂本登山口付近)
駐車場　なし
※周辺の民地に駐車する場合は必ず管理者の許可を得てください

近くのサイト・拠点施設

■ジオサイト30:札所31番観音院と岩殿沢石 → P.142
■ジオサイト31:犬木の不整合 → P.144
■ジオサイト32:皆本沢の礫岩→ P.146

※二子山に登頂するには本格的な登山となります。軽装備では入山しないでください。

山中白亜系（山中層群）の谷を遡る国道299号が群馬との県境に近づくと、右側に石灰岩の垂直な壁と2つの頂を持つ二子山が見えてきます。独立した岩山は秩父では珍しく、登頂するとヨーロッパアルプスのような感覚を味わえ、ロッククライミングを楽しむ人もいます。

二子山西岳

二子山は秩父帯に属する石灰岩の山です。ここの石灰岩からは、直径５mmほどのフズリナ（紡錘虫）や、ウミユリなどの化石が見つかります。この化石から二子山の石灰岩は約3.2億年～約2.5億年前の古生代石炭紀からペルム紀にできたものであることがわかります。

秩父の山々の地層は石灰岩などから古生代の化石が発見されるため、かつては「秩父古生層」と呼ばれていました。しかし、周囲の砂岩泥岩互層から中世代ジュラ紀の放散虫化石が発見されたことから、遠い南洋でできた古生代の石灰岩などの岩石が海洋プレートとともに移動し、中生代ジュラ紀に大陸プレートに押し付けられたと考えられるようになりました。プレートの運動によってさまざまな地質現象を説明する学説を「プレートテクトニクス」といいます。（P.21）

魚尾道登山口から

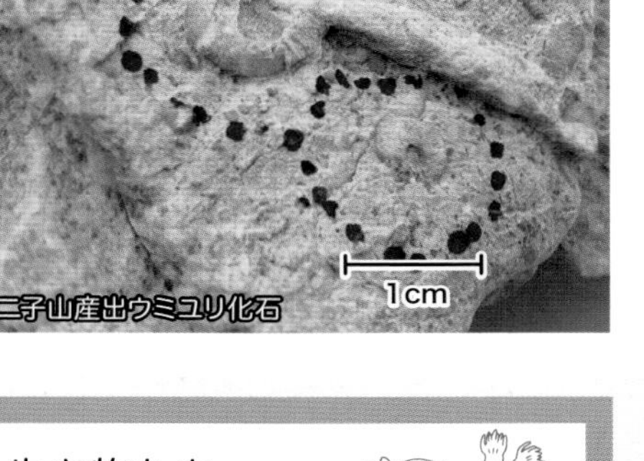

二子山産出ウミユリ化石

ちょこっと豆知識　石灰岩になった生き物たち

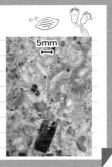

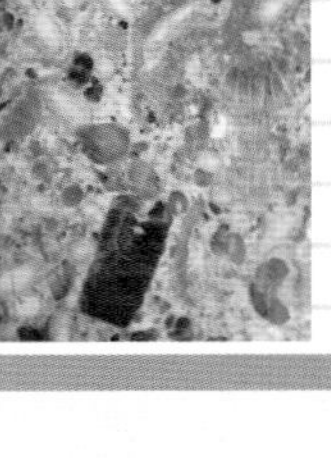

化石を見ると、米粒大の丸い渦巻状の断面があります。これがフズリナで、動物でも植物でも菌類でもない真核（しんかく）生物の仲間である「原生動物」のうち、石灰質の殻を持つ「有孔虫（ゆうこうちゅう）」の1つです。糸を紡ぐときに使う紡錘車（スピンドル）に似ているので「紡錘虫」ともいわれています。ストローの断面や円筒状のコイルに見えるのはウミユリの茎のような部分（支持体）です。植物のユリに似ているためその名が付きましたが、ヒトデやウニと同じ棘皮（きょくひ）動物です。どちらも古生代を代表する生物で、秩父帯の岩石からよく発掘されます。

ジオサイト 34

丸神の滝

基本はコレ！

- 3段になって流れ落ちる落差76mの滝で、四季折々に美しい姿を見せ、埼玉県では唯一、「日本の滝百選」に選ばれている。
- 江戸時代後期の文献『新編武蔵風土記稿』にも掲載され、その景観美がたたえられている。
- 秩父盆地の西にそびえるノコギリのような山で、巨大なチャートの岩体からできている「両神山」（日本百名山の1つ）から流れる小森川の上流にある見事な滝。

アクセス

バス　秩父鉄道「三峰口駅」から小鹿野町営バス「日向大谷口ゆき」の「薬師の湯」で「白井差口ゆき」に乗り換え「丸神の滝入口」下車徒歩約25分

※ P.154記載のアクセス方法も参考にしてください

ナビ入力住所　秩父郡小鹿野町両神小森5195（バス停付近）

駐車場　あり

近くのサイト・拠点施設

■堂上のセツブンソウ自生地 → P.154

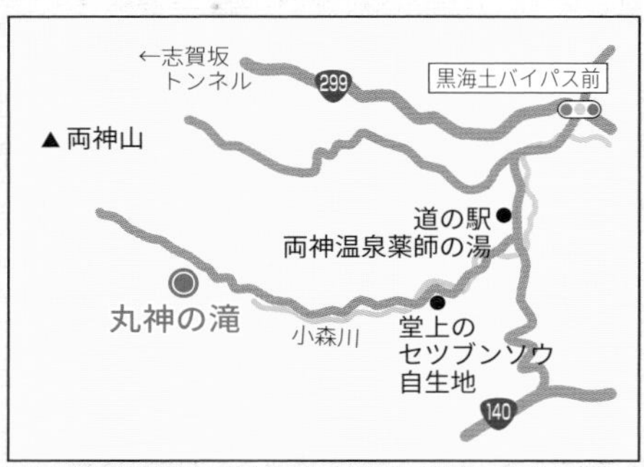

※バスの乗り継ぎに時間を要する場合もありますので、事前にバス時刻表（小鹿野町WEBサイト内）をご確認ください。

小鹿野町両神小森地区を流れる小森川の奥にある丸神の滝は、埼玉県では唯一、「日本の滝百選」に選ばれている滝です。江戸時代後期、文化・文政期（1804～1830）につくられた『新編武蔵風土記稿』でも紹介され、滝が多い秩父でもこれほど景観のよいものはないと評されています。

この滝は秩父帯の砂岩にかかるもので全体が3段になり、1段目が落差12m、2段目が14m、3段目が50m、全体で76mほどある巨瀑です。秩父盆地の西側にそびえる両神山の東に延びる尾根から、およそ1000m近い急峻な地形を流れ下る滝越沢（たきごしざわ）にあります。

秩父多摩甲斐国立公園内にある両神山は、小鹿野町と秩父市にまたがる標高1723mの山で、「日本百名山」の1つとしても有名です。古くは山岳信仰の霊場であり、特に江戸時代には秩父の修験道の聖地として栄え、各地から多くの行者が訪れました。

両神山は東西約8km、幅2～3kmに及ぶ巨大なチャートの岩体からできています。秩父帯のチャートからは、古生代ペルム紀から中生代ジュラ紀までの放散虫化石が見つかっています。放散虫の骨格のケイ酸からできているチャートは侵食に強く、そのためこのようなノコギリ状の山容になったものと思われます。プレートの動きによって海洋プレートの堆積物が剥ぎ取られて大陸プレートに押し付けられた（付加された）地層は、急傾斜で滝ができやすい地形をつくります。

両神山

ちょこっと豆知識　両神山の由来あれこれ

両神山の山名の由来については諸説あります。1つ目は、国造り神話で有名なイザナギ・イザナミの2神が祀られて名付けられたというもの。2つ目は、ヤマトタケルが旅路の折、この山が8日間見え続けたことから八日見（ようかみ）山と名付けたのが始まりというもの。3つ目は、龍頭神社の里宮がある小鹿野町の尾ノ内地区にはこの山に住む巨大な竜の伝承があり、竜神（りゅうかみ）からきているというものです。

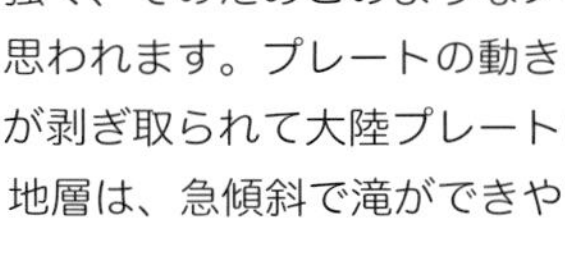
『新編武蔵風土記稿』に描かれた両神山

旧寿旅館（小鹿野町観光交流館）

基本はコレ！

- ☑ もともと、江戸時代に建てられたという建物を活用し、「本陣寿旅館」として古くから多くの旅人が憩う老舗旅館であった。
- ☑ 盛岡高等農林学校にいた宮沢賢治が、大正5年（1916）の秩父地質巡検の際にこの旅館に泊まっている。
賢治関係の資料も展示され、当時の足跡を知ることができる。

江戸幕府直轄領（天領）として発展した小鹿野の中心部に造られた建物であり、長い歴史を有する老舗中の老舗旅館であった「本陣寿旅館」。惜しくも旅館としての歴史は幕を閉じましたが、平成23年（2011）に小鹿野町の観光拠点施設として当時の面影を残して生まれ変わりました。小鹿野の古い街並みの中心地に位置し、郷土の歴史や文化を知ることができる人気スポットです。

大正時代の旧寿旅館

旧寿旅館の当主の日記には、「盛岡高等農林学校生徒職員一行25人宿泊す」「9月4日　三田川村三山源沢（現・皆本沢）に向われ……」の記録があります。大正5年（1916）、盛岡高等農林学校の2年生であった宮沢賢治は地質巡検で秩父を訪れ、各所を巡っています。小鹿野町観光交流館には宮沢賢治の展示もあり、賢治に思いを馳せて当時の足跡をたどることができます。

アクセス

バ　ス　　西武鉄道「西武秩父駅」または秩父鉄道「秩父駅」から西武観光バス「小鹿野車庫ゆき」または「栗尾ゆき」の「町立病院前」下車　徒歩約1分
ナビ入力住所　秩父郡小鹿野町小鹿野314
駐車場　あり

近くのサイト・拠点施設

■ジオサイト28：ようばけ → P.138
■ジオサイト29：札所32番法性寺のお船岩とタフォニ → P.140
■四季の道小鹿野展望台 → P.155
■おがの化石館 → P.157

毘沙門水
（びしゃもんすい）

毘沙門水

基本はコレ！

- ☑ 秩父の奥座敷、白石山の山腹から湧き出る「平成の名水百選」の1つ。カルシウム分を豊富に含む。
- ☑ この毘沙門水を使ったこだわりのかき氷「毘沙門氷」は、小鹿野町を訪れた際には絶対に食べたいジオグルメ。

毘沙門天

毘沙門氷

秩父に４つあるダムのうちの１つ、「合角（かっかく）ダム」の上流、小鹿野町の白石山（別名：毘沙門山）山腹から湧き出る水で、「平成の名水百選」のうちの1つ。白石山は名前のとおり石灰岩の山で、カルシウムなどミネラルが豊富な天然水が湧き出ています。水量も豊富で渇水期も干上がることがなく、毘沙門様が守る「神の水」とも呼ばれ、古くから当地・馬上（もうえ）の人々の暮らしを支えてきました。

近年、この毘沙門水の氷でつくるかき氷「毘沙門氷」がジワジワとブームになっています。現在は小鹿野町周辺の販売加盟店で展開中で、青いのぼりが目印です。絹のように口当たりのよい氷はもとより、地元産フルーツを使ったシロップ、地元陶芸家が手がけた陶器などこだわりづくし。小鹿野町のジオサイトを巡る際にはぜひとも味わいたい一品です。

アクセス

バス	西武鉄道「西武秩父駅」または秩父鉄道「秩父駅」から西武観光バス「小鹿野車庫ゆき」または「栗尾ゆき」の「小鹿野役場」で「長沢ゆき」に乗り換え「馬上」下車徒歩約3分
ナビ入力住所	秩父郡小鹿野町藤倉183
駐車場	あり

近くのサイト・拠点施設

■ジオサイト31：犬木の不整合 → P.144
■旧寿旅館（小鹿野町観光交流館）→ P.152
■四季の道小鹿野展望台 → P.155
■倉尾ふるさと館 → P.157

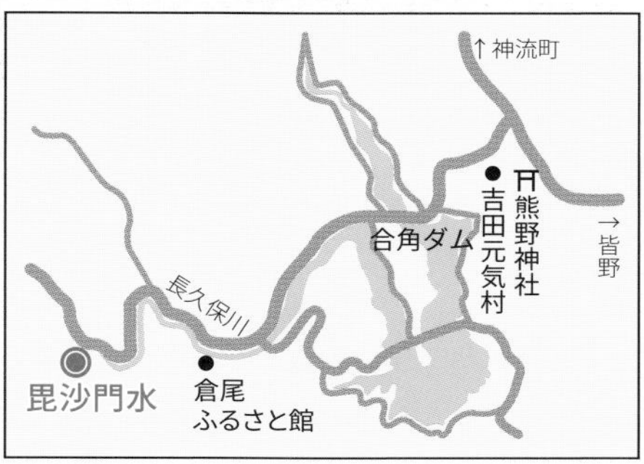

生態

堂上（どうじょう）のセツブンソウ自生地

基本はコレ！

- ☑ 小鹿野町にある日本有数の規模を誇るセツブンソウの群生地。
- ☑ 当地は落葉広葉樹林、北向き斜面、礫質で湿った土壌だが、春植物であるセツブンソウは、他の植物が比較的生育しにくいこのような環境が適している。

例年２月下旬から３月中旬に咲くセツブンソウ。早春の節分の時期に咲くので「セツブンソウ」という名が付く花です。小鹿野町両神小森にある堂上節分草園は、約5000㎡の園地を持ち、群生地として日本有数の規模を誇ります。

セツブンソウは関東以西に分布する多年草で、春先、樹木が葉を広げる前に一斉に開花・結実し、夏には地上部が枯れる「春植物」の１つです。春植物は、他の植物に負けないよういち早く開花して光合成する必要があるため、植物が比較的生育しにくい環境が適しています。当地は秩父帯の砂岩泥岩互層にあたり、斜面から崩落した岩石が堆積して礫質になっており、落葉広葉樹林、北向き斜面、礫質で湿った土壌といったセツブンソウの生育条件を備えています。

自生地では、直径2cmほどの白く可憐な花が、まるで雪が積もったかのように咲き誇り、小さな春の訪れを告げます。準絶滅危惧種ですが、地元で保護され、広い自生地が守られています。毎年３月ごろには小鹿野町観光協会主催の「節分草まつり」が行われ、賑わいを見せます。

アクセス

バス　西武鉄道「西武秩父駅」または秩父鉄道「秩父駅」から西武観光バス「小鹿野車庫ゆき」または「栗尾ゆき」の「小鹿野役場」で小鹿野町営バス「白井差口ゆき」に乗り換え「堂上」下車徒歩約５分

※ P.150記載のアクセス方法も参考にしてください

ナビ入力住所　秩父郡小鹿野町両神小森3034（バス停付近）

駐車場　あり

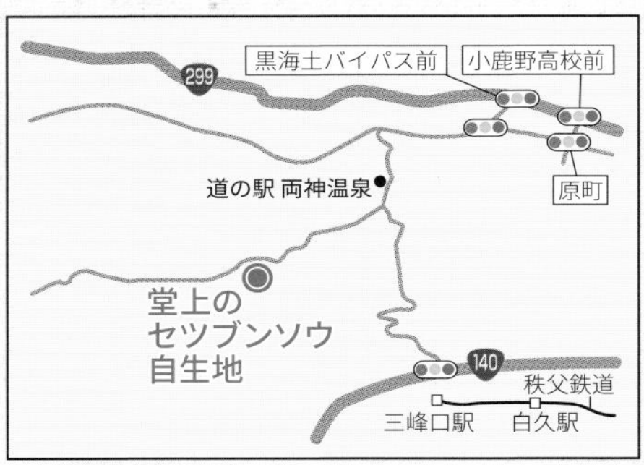

近くのサイト・拠点施設

■ジオサイト31：犬木の不整合 → P.144

■ジオサイト34：丸神の滝 → P.150

四季の道 小鹿野展望台

基本はコレ！

- ☑ 小鹿野町と秩父市吉田との境界にある散策路「四季の道」の展望台。両神山をはじめ、西秩父の山々が一望できる。
- ☑ 古くから信州へ至る街道の要衝として発展した小鹿野の街並みもよく見渡すことができ、「ケスタ地形」と呼ばれる波型の地形も観察できる。

小鹿野町と秩父市吉田の境界にあたる尾根には素敵な散策路があります。山茶花やロウバイなど四季折々の花が楽しめ、新緑、紅葉の季節も気持ちよく歩ける約３kmの遊歩道です。

散策路沿いにある、近年新しくなった「四季の道小鹿野展望台」からの景色は圧巻で、西にはノコギリ状のチャートの山「両神山」がよく見えます。眼下に広がる小鹿野の町は、赤平川の河成段丘上に発展した歴史ある町で、古くから志賀坂峠を通って信州へ至る街道の要衝でした。

東側には、石灰岩の山「武甲山」、秩父盆地の河成段丘で一番古い尾田蒔丘陵（高位段丘）がよく見えるほか、南側にはケスタ地形などもじっくり観察できます。ケスタ地形とは、軟らかい層と硬い層が交互に重なった地層が地殻変動で斜めになって地表に露出し、軟らかい地層の部分が特に風化侵食を受けて凹み、波型になった地形のことです。

両神方向を望む

小鹿野の街なかを望む

アクセス

バ　ス	西武鉄道「西武秩父駅」または秩父鉄道「秩父駅」から西武観光バス「小鹿野車庫ゆき」または「栗尾ゆき」の「小鹿野」下車徒歩約25分
ナビ入力住所	秩父郡小鹿野町小鹿野
駐車場	なし（周辺の民間駐車場等をご利用ください）

近くのサイト・拠点施設

■ジオサイト28：ようばけ → P.138
■ジオサイト31：犬木の不整合 → P.144
■旧寿旅館（小鹿野町観光交流館） → P.152
■おがの化石館 → P.157

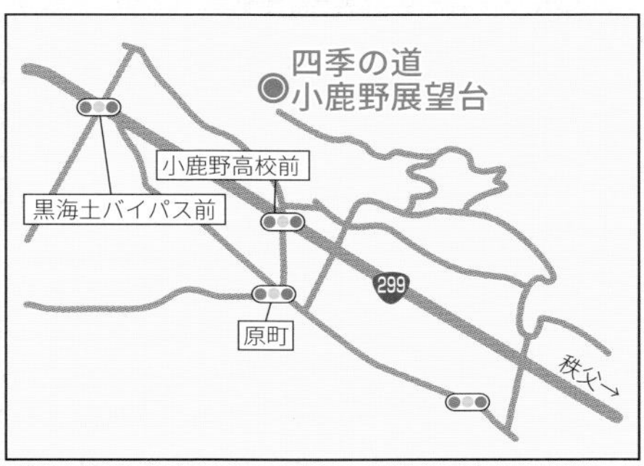

志賀坂峠（しがさかとうげ）

志賀坂峠からの眺望

基本はコレ！

- ☑ 秩父郡小鹿野町から群馬県多野郡神流（かんな）町へ抜ける峠。
  武州から上州、信州へと至る古くからの街道であった。
- ☑ 恐竜時代であった約1.3億～約１億年前（中生代白亜紀）の「山中白亜系（山中層群）」の地層が広がる凹地帯がよく観察できる。

　秩父山地の中で、ひときわ低いところが、小鹿野町から長野県佐久穂町まで続く山中地溝帯です。ここには山中白亜系（山中層群）という地層が分布しています。古くからの街道が通り、志賀坂峠を越えて上州・信州と行き来していました。黒部から東京への送電線もこの地域を通過し、秩父鉱山の鉱石を運搬する索道もこの谷を通って運び出されていました。

　志賀坂トンネルの入口から東を見ると山中地溝帯の谷が一望でき、その先に広がる秩父盆地や南側の武甲山が見渡せます。

　ここの地層は、恐竜時代であった約1.3億～約１億年前（中生代白亜紀）のもので、両側にそびえる両神山や二子山はそれより古い中生代ジュラ紀の地層です。峠を越えて群馬県側に下った瀬林（せばやし）地区には波の跡（漣痕：れんこん）や恐竜の足跡があります。周辺では三角貝や恐竜の化石が見つかります。

　平成30年（2018）11月、小鹿野町内のこの地層から白亜紀の軟体動物の一種である「オウムガイ」の雌型（めがた）化石（オウムガイそのものではなく、周りの型）が発見されました。国内でのオウムガイの化石の発見例は北海道や岩手県などで数例見られるのみで、たいへん貴重なものです。近い将来、埼玉県側から恐竜の化石が発掘されるかもしれません。

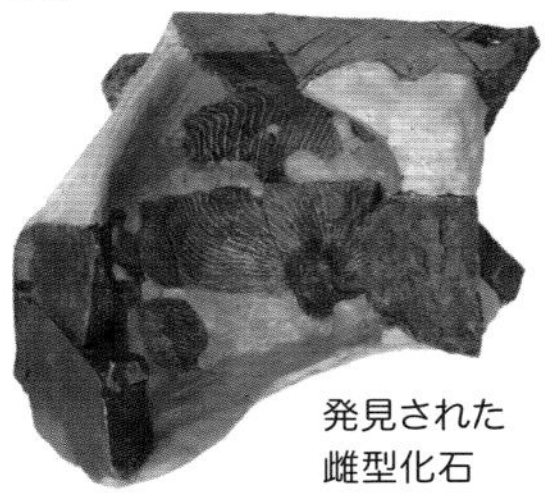
発見された雌型化石

現生のオウムガイ

アクセス

自動車　国道299号線志賀坂トンネル入口付近（埼玉県側）
ナビ入力住所　秩父郡小鹿野町河原沢
駐車場　あり（群馬県側「志賀坂駐車場」）

近くのサイト・拠点施設

■ジオサイト30：札所31番観音院と岩殿沢石 → P.142
■ジオサイト31：犬木の不整合 → P.144
■ジオサイト32：皆本沢の礫岩 → P.146
■ジオサイト33：二子山の石灰岩岩壁 → P.148

まずはココ!

おがの化石館

「古秩父湾堆積層及び海棲哺乳類化石群」として国の天然記念物に指定されている露頭の1つ「ようばけ」の近くにある施設です。天然記念物である小鹿野町般若産出のパレオパラドキシアの骨格復元模型のほか、新種として認定された古秩父湾のチチブクジラなどジオパーク秩父内で発掘された化石を含め、国内外の珍しい化石の数々が展示されています。化石のレプリカづくりなどのワークショップはファミリーにも人気で、学校の校外学習にも最適です。(10名以上、事前予約が必要です)

アクセス

バ　ス　西武鉄道「西武秩父駅」または秩父鉄道「秩父駅」から西武観光バス「小鹿野車庫ゆき」または「栗尾ゆき」の「泉田」下車徒歩約20分

ナビ入力住所　秩父郡小鹿野町下小鹿野453

近くのサイト・拠点施設

■ジオサイト26:取方の大露頭 → P.134
■ジオサイト27:藤六の海底地すべり跡 → P.136
■ジオサイト28:ようばけ → P.138
■旧寿旅館(小鹿野町観光交流館) → P.152

倉尾ふるさと館

二子山を水源とする赤平水系の支流の1つ、吉田川の上流に造られた合角ダムがある西秩父桃湖の近くにある施設。かつての村の暮らしの記録や、この地が海だったことを証明する当地発掘の化石群が展示されています。食堂もあり、食事や一休みにちょうどよい施設です。

アクセス

バ　ス　西武鉄道「西武秩父駅」または秩父鉄道「秩父駅」から西武観光バス「小鹿野車庫ゆき」または「栗尾ゆき」の「小鹿野役場」で「長沢ゆき」に乗り換え「日尾」下車徒歩約3分

ナビ入力住所　秩父郡小鹿野町日尾1522-1

近くのサイト・拠点施設

■昆沙門水 → P.153

「ジオパーク秩父」を楽しむモデルコース

秩父の文化と地球の芸術を味わう

10:00 Start!

歴史文化伝承館の ジオパークコーナー

西武秩父駅前にある秩父観光情報館や、すぐ近くの秩父市歴史文化伝承館で、パンフレットや観光情報を入手。

徒歩

10:30

見晴しの丘からの展望

羊山公園の「見晴しの丘」に登ると、河成段丘が形作った秩父の街並みが見渡せます。春には桜や芝桜も楽しめます。

▶羊山丘陵は約13万年前には川原だったところ。市街地の向こう側には秩父ミューズパーク(高位段丘)、晴れた日には両神山など秩父の山々が望める。

徒歩

11:00

ちちぶ銘仙館

秩父伝統の織物に触れて、各種体験もできる「ちちぶ銘仙館」。河成段丘がつくった秩父盆地の土壌は小石が多く、水田になる場所は限られていました。その代わりに、絹をつくる蚕の餌になる桑を育てて、織物が盛んになりました。

▲レトロな建物は、昭和5年建造の旧埼玉県秩父工業試験場を利用したもの。(国登録有形文化財)

徒

聖地探訪とアクティビティで気分一新

9:00 Start!

西武秩父駅

西武秩父駅からバスで三峯神社へ。車窓から眺めると、奥地に進むにつれて山深くなっていくのがわかります。深い谷は、約2億年〜約1.5億年前に大洋で生まれ、プレートに乗ってやってきた「秩父帯」の硬い地層が川の侵食と大地の隆起によってできました。

▶季節ごとに表情を変える美しい渓谷が続く。

バス

10:30

三峯神社

秩父三社の1つで、関東屈指の古社である三峯神社。参道にならぶ巨木、荘厳な社殿、樹齢800年の御神木など見どころが満載! 春と秋には雲海を楽しめるスポットとして知られています。三峰ビジターセンターにも立ち寄りましょう。

バス

▲奥秩父の自然に関する豊富な展示は一見の価値あり。

ジオパーク秩父の楽しみ方は多種多様です。ここでは、ジオパークと観光を併せて楽しめる3つのコースをご案内。泊まりがけでゆっくり楽しむのもおすすめです。

◀神社の隣にあり、貴重な展示や臨場感ある3Dシアターなども楽しめる。

◀巨大な古代ザメの模型はインパクトあり!

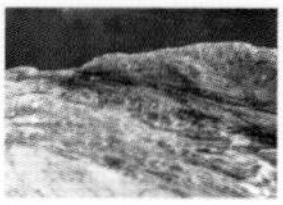

▶宮沢賢治ゆかりの虎岩。

12:00

秩父神社・秩父まつり会館

秩父神社を参拝したら、街なかでランチ。その後は、秩父まつり会館でユネスコ無形文化遺産「秩父夜祭」を学びましょう。秩父夜祭は、江戸時代、絹織物で豊かになったことで豪華になった祭り。まつり会館を出たら、秩父鉄道「秩父駅」へ。

電車

14:00

埼玉県立自然の博物館

上長瀞駅で降り、埼玉県立自然の博物館へ。
ジオパーク秩父に関する豊富な展示を楽しめます。すぐ近くの川原には、ジオサイト「虎岩」があります。博物館を出たら、徒歩または電車で長瀞駅へ。

徒歩or電車

15:30

岩畳

駅の周りにはお土産屋や食事処がたくさん！　楽しい商店街を抜けて川原に出ると、そこは国の名勝・天然記念物「長瀞」。岩畳の散策や、時間があれば川下りも楽しめます。秩父三社の1つ、宝登山神社を参拝したり、ロープウェイに乗るのもおすすめ！

宿泊の場合はホテルへ。お帰りの場合は街なかで食事や買い物を楽しみましょう。

goal!

14:00

秩父ジオグラビティパーク

バス停「三峰口駅」で降ります。ここは秩父の盆地と山地の境。眺望サイト「三峰口の白川橋」の近くには、秩父の新観光スポット「秩父ジオグラビティパーク」があります。スリル満点のアクティビティで、ジオパーク秩父を全身で体感！
（事前予約が必要）

電車

16:00

札所28番橋立堂

秩父の街なかへ戻る途中、時間があれば、「浦山口駅」で降り、「札所28番橋立堂」に立ち寄りましょう。探検気分が味わえる鍾乳洞と巨大な岩壁にびっくり！　お堂前のカフェでちょっとひと休み。

◀ジオサイトの目の前で、こだわりのコーヒーやスイーツが楽しめる。

人々の信仰が守ったジオサイトを巡る

9:00

Start!

西武秩父駅

今日は秩父地域の西側エリアに向かいます。西武秩父駅からバスを利用しますが、時間に限りがある方はレンタカーを活用しましょう。

バスorレンタカー

10:30

札所32番 法性寺

バス停から約30分、のどかな田舎の風景を楽しみながら歩きましょう。法性寺はジオの見どころがたくさんあります。秩父のジオサイトは、昔の人々の信仰により守られてきたことがよくわかります。

▼「タフォニ」と呼ばれる蜂の巣状の岩窟の中にあるお堂は神秘的！

◀恐怖を乗り越えて「お船岩」の上にたどり着けば、秩父盆地を一望できる。

バスorレンタカー

12:00

小鹿野町観光交流館

小鹿野町の中心地でランチ。名物は、大きなカツが2枚のった「わらじカツ丼」！　お腹が満たされたら、小鹿野町観光交流館（旧寿旅館）に立ち寄って、歌舞伎の町・小鹿野町の魅力を学びましょう。

▲宮沢賢治も宿泊した歴史ある旅館が、今は観光の拠点になっている。

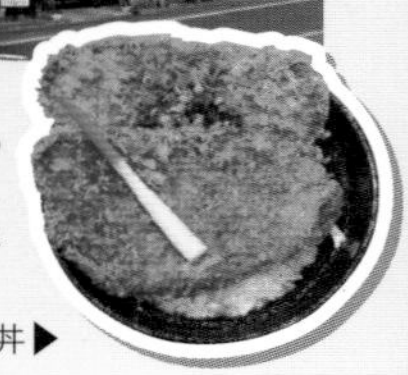

名物わらじカツ丼▶

バスorレンタカー

■まだまだあります！ おすすめコース

ジオストーリー別
モデルコース

移動手段別
モデルコース

地域別
モデルコース

目的別
モデルコース

ジオパーク秩父ホームページでは、ジオストーリー別、地域別、移動手段別、目的別のコースを多数ご紹介。お好みに合ったモデルコースがきっと見つかります！
https://www.chichibu-geo.com/course/

▶当地産出の「岩殿沢石」でつくられた仁王像は、一枚岩でできたものでは日本一の大きさ。

14:00

▶札所31番 観音院

谷間の奥地にひっそりと佇む札所。296 段もの石段を上りつめると、本堂を覆う巨大な岩壁が現れます。大昔、「古秩父湾」の海底に積もってできた砂岩です。高さ30mもの「聖浄の滝」や壁に刻まれた「磨崖仏」もとても神秘的。

バスorレンタカー

15:30

▶おがの化石館・ようばけ

国内外の貴重な化石が展示されている「おがの化石館」に立ち寄ったあとは、国の天然記念物「ようばけ」を観察。ようばけとは、「陽の当たる崖」という意味。「古秩父湾」が浅い海だった時代の地層を間近で見ることができます。

◀化石館の敷地内には、宮沢賢治、保阪嘉内の友情の歌碑がある。

▲おがの化石館のパレオパラドキシア骨格模型

晴夫（はれお）くん

バスorレンタカー

17:00

goal!

西武秩父駅前温泉 祭の湯

西武秩父駅に到着したら、駅前の温泉で旅の疲れを癒しましょう。お土産選びやお食事を楽しんだあとは、ゆったりとリラックスできる特急に乗って、旅の余韻にひたりながら帰路へ。

用語解説・索引

※本書記載の専門用語等が中心となっています。

あ

跡倉層【あとぐらそう】 6, 18

群馬県下仁田町や埼玉県小川町の周辺に分布する後期白亜紀の堆積岩類。かつて断層運動によって移動し、三波川帯を覆うように乗り上げた岩体（跡倉ナップ）を構成する地層である。

岩殿沢石【いわどのさわいし】
20, 54, 55, 142, 143, 161

ウミユリ 10, 16, 69, 148, 149

植物ではなく、ヒトデやウニと同じ棘皮動物の仲間。二子山では古生代石炭紀からペルム紀のウミユリの化石が産出される。

雲母【うんも】 19, 107, 133

六角板状の薄く剥がれやすいケイ酸塩鉱物のグループ。光沢があることから、英語名は「マイカ：mica」（ラテン語で「輝く」を意味する「micare」が由来）であり、日本では古くから「きらら」とも呼ばれる。

黄鉄鉱【おうてっこう】 109

鉄と硫黄で構成されている金色の硫化鉱物。秩父鉱山産は結晶形がはっきり現れることで有名。

オウムガイ 19, 128, 156

大滝層【おおたきそう】 35

尾田蒔丘陵【おだまききゅうりょう】
38, 60-63, 93, 99, 123, 139, 155

か

海底地すべり【かいていじすべり】 26, 134-137

角礫質砂岩【かくれきしつさがん】 27, 56, 57

角ばった礫を多く含む砂岩。礫とは粒の直径２mm以上の砕屑物（岩石が壊れてできた破片や粒子）のことで、砂よりも大きい。

花崗岩【かこうがん】 18, 122, 143, 147

石英や長石・雲母などの鉱物を含み、白地に黒の混じった岩石。マグマが深いところで固まったもので結晶が大きい。石材としては「御影石（みかげいし）」の名で知られる。

火成岩【かせいがん】 6, 18, 86, 143

マグマからできる岩石。固結した速さで分類され、地下深くでゆっくり冷えてできたものを「深成岩」、地表付近で急速に冷えてできたものを「火山岩」という。

河成段丘【かせいだんきゅう】
11, 33, 36-40, 42, 45, 50, 59, 61-63, 70, 72, 93-95, 99, 106, 123, 134, 155, 158

河川の流路に沿って発達する階段状の地形。河岸段丘ともいうが、成因が河川の作用であることが明確な場合は河成段丘というのが適当。平坦面を段丘面といい、各段丘面の間の崖を段丘崖（がい）という。秩父盆地内の河成段丘は、成立した時代および高低差により低位段丘、中位段丘、高位段丘に分かれている。

基底礫岩【きていれきがん】 115, 145

その地層ができはじめた最下部、または不整合面の直上に堆積する礫岩をいう。

絹雲母片岩【きぬうんもへんがん】 111

銀白色でキラキラ輝いて見える鉱物「絹雲母」を含む結晶片岩。

凝灰岩【ぎょうかいがん】 20, 69

火山から噴出した火山灰が地上や水中に堆積してできた岩石。堆積岩の１つ。

凝灰質砂岩【ぎょうかいしつさがん】
20, 55, 130, 131, 142, 143

主成分である砂に火山灰が混じって固まってできた堆積岩の１つ。秩父では「岩殿沢石」が有名。加工のしやすさから古くは石碑や墓石、石臼、石仏などに使われた。

恐竜【きょうりゅう】 19, 144-147, 156

雲取山【くもとりやま】 35, 88, 98

ケスタ地形【けすたちけい】 155

結晶質石灰岩【けっしょうしつせっかいがん】
86, 87

石灰岩が地下で熱変成作用を受けて再結晶し、方解石の結晶が成長した岩石をいう。石材「大理石」の多くはこの結晶質石灰岩のこと。

結晶片岩【けっしょうへんがん】
10, 19, 20, 36, 100, 105-107, 119, 120, 124

片理（へんり）と呼ばれる薄く板状に割れやすい構造が発達した広域変成岩（地下深部の圧力と熱で変成した岩石）の総称。長瀞の岩畳に代表され、秩父地域北東部の三波川帯に広く分布している。三波川帯で見られるものを「三波川結晶片岩」といい、主に、塩基性片岩（緑色片岩）・泥質片岩（黒色片岩）・石英片岩・砂質片岩などからなる。

玄武岩【げんぶがん】 10, 17, 18, 35, 65

かんらん石・輝石などの有色鉱物に富む黒色の火成岩。マグマが地表付近で固まったもの。海洋底に多い。武甲山の北斜面は石灰岩であるが、南側は玄武岩起源の緑色岩である。

紅簾石片岩【こうれんせきへんがん】 13, 110, 111

マンガンを含むチャートなどから変成作用によってできたと考えられている紅簾石を含む結晶片岩で、深紅色の美しい岩石。皆野町の親鼻橋近くにジオサイトにもなっている大きな露頭がある。

古秩父湾【こちちぶわん】
6, 11, 12, 20, 22-30, 45, 50, 57, 63, 66, 67, 93-95, 100, 114, 115, 126, 128, 130-139, 144, 145, 157, 161

約1700万年～約1500万年前に秩父に存在した海。これらの地層が露出している秩父地域の６つの露頭と埼玉県立自然の博物館所蔵の海棲哺乳類化石９件が、2016年に「古秩父湾堆積層及び海棲哺乳類化石群」として国の天然記念物に指定された。

コノドント 17, 21

さ

鷺ノ巣層【さぎのすそう】 139

サンゴ 10, 16, 18, 20, 64, 65, 69

山中地溝帯【さんちゅうちこうたい】
10, 13, 19, 95, 123, 128, 156

秩父盆地の北西端から西北西に、長野県佐久穂町にまで及ぶ幅2～4km、全長約40kmの凹地。「山中」とは群馬県神流町周辺の昔の地域名。定義どおりの地溝ではないため、近年は山中地域という名称も使われる。

山中白亜系【さんちゅうはくあけい】
6, 18, 19, 83, 123, 128, 145-147, 149, 156

山中地溝帯に分布する白亜紀の地層。山中白亜系または山中層群といわれる。

三波川帯【さんばがわたい】
6, 7, 10, 18-20, 32, 36, 50, 52-55, 71, 100, 105, 107, 113, 123, 124

関東山地から天竜川中流域・小渋川を経て紀伊半島、四国、九州の佐賀関半島に及び、全長約840kmに達する変成岩の分布地帯。群馬県藤岡市に流れる三波川が由来。フォッサマグナにより一旦寸断され、長野県諏訪湖南方の上伊那地域で再び現れる。三波川変成帯とも呼ばれる。

磁鉄鉱【じてっこう】 109

鉄の酸化物からなる鉱物。結晶の分類では等軸晶系に入る。黒色で金属光沢があり、強い磁性を示す。マグマの貫入による接触交代鉱床や砂鉄鉱床中に産し、鉄の主要な鉱石。マグネタイト。

四万十帯【しまんとたい】
6, 10, 16, 18, 35, 44, 75, 83, 88, 89, 91, 95, 106, 107

秩父帯の南側に沿って房総半島から関東山地、赤石山脈、紀伊山地、四国山地南部、九州山地南部を経て沖縄本島までの長さ1800kmにわたって帯状に分布する地帯。高知県西部を流れる四万十川が由来。

蛇灰岩【じゃかいがん】 20, 112, 113

方解石を多く含み、白い網状の脈が目立った蛇紋岩。

斜交葉理【しゃこうようり】 143

水流の速さや向きが変化する環境で土砂が堆積した際にできた、層理面に対して斜めに入っている葉理（１cm以下の単層）。縞模様の重なりから当時の水流などの方向が推定できる。札所31番観音院の岩壁に見られる。

蛇紋岩【じゃもんがん】
20, 32, 54, 55, 112, 113, 122

地下深部のマントル上部を構成するかんらん岩が水と反応して生成される。濃い緑色で光沢があり、岩肌が蛇の皮に見えることからその名が付いた。秩父産の蛇紋岩は国会議事堂の床材等に使われている。

褶曲【しゅうきょく】 104, 105, 108, 109, 137, 147

地層や変成岩など層状構造を持つ岩体が圧縮、変形されて、波曲状の形態を呈する地質構造。褶曲作用が進み、横倒しに近い形で折れ曲がったものを横臥褶曲という。

出牛-黒谷断層【じゅうし・くろやだんそう】
52, 53

鍾乳洞【しょうにゅうどう】
32, 64, 65, 73, 84, 117, 159

白岩山【しらいわやま・さん】 35, 88

深成岩【しんせいがん】 87

地下深くでゆっくり冷え固まった火成岩で、含まれる鉱物の割合により、花崗岩・閃緑岩・はんれい岩に分かれる。

スカルン鉱床【すかるんこうしょう】 75, 86, 87

地下深くから上昇してきたマグマの熱水による石灰岩の化学的変化（交代作用）によって形成された鉄や亜鉛などに富んだ鉱床。秩父鉱山の鉱床。

スティルプノメレン 108, 109

褐色から黒褐色のケイ酸塩鉱物。長瀞の虎岩が有名で、日本地質学会により「埼玉県の鉱物」に選定されている。

スランプ褶曲【すらんぷしゅうきょく】 134-137

まだ固まっていない堆積物が褶曲したもので、地震などで海底地すべりが発生し、海底の堆積物がすべり落ちることなどによってできる。

石英【せきえい】 6, 87, 102, 103, 108, 109, 133, 143

二酸化ケイ素からなる鉱物。六角柱状または錐状の結晶。無色ないし白色で、ガラス光沢がある。流紋岩・花崗岩など多くの岩石を構成している鉱物（造岩鉱物）であり、また砂や礫などとして多量に存在する。

石綿【せきめん・いしわた】 46, 113

蛇紋石や角閃石が繊維状に結晶した無機繊維状鉱物の総称。アスベスト。秩父で鉱山開発に挑んだ平賀源内が燃えない布「火浣布（かかんぷ）」の材料として求めた。発がん性があり、現在日本では製造、使用等が禁止されている。

石灰岩【せっかいがん】
10, 16-18, 20, 35, 50, 61, 64, 65, 69, 73, 75, 82-88, 116-118, 133, 148, 149, 153, 155

方解石を主成分とする堆積岩の一種で、サンゴやフズリナなどの炭酸カルシウムの殻を持つ生物の死骸が堆積してできた生物堆積岩の石灰岩と、水から直接炭酸カルシウムが沈殿してできた化学堆積岩の石灰岩との両方が存在する。秩父では武甲山、二子山に多く産出する。

節理【せつり】 19, 105, 107

岩石の規則正しい割れ目。長瀞岩畳で碁盤の目状の割れ目が見えるが、これは地下深くでできた結晶片岩が大地の隆起に伴い地下の圧力から解放され割れたもの。

た

堆積岩【たいせきがん】 18-20, 79

水底や陸上において、岩石片、生物の遺骸やその破片、化学的沈殿物、火山放出物、またそれらの混合物などが堆積して生じた岩石の総称。

タフォニ 31, 32, 133, 140, 141, 160

岩石の中の塩類が表面に染み出し、結晶化して岩石の表面を崩す風化現象による窪地地形。小鹿野町の札所32番法性寺などで観察できる。

断層【だんそう】
14, 19, 21, 27, 52, 53, 76, 77, 80, 81, 103, 106, 107, 130, 131, 143, 145

地下の地層もしくは岩盤に力が加わって割れ、割れた面に沿ってずれ動いて食い違いが生じた場所。

秩父青石【ちちぶあおいし】 20, 119

秩父雲海【ちちぶうんかい】
7, 12, 28, 29, 62, 63, 88, 123, 127, 158

チチブクジラ 22, 23, 29, 30, 45, 139, 157

秩父古生層【ちちぶこせいそう】 13, 21, 149

秩父帯【ちちぶたい】
6, 7, 10, 16, 18, 20, 21, 44, 45, 50, 75, 77-79, 82, 83, 85-91, 93-95, 100, 106, 107, 114, 115, 118, 123, 125, 128, 146-149, 151, 154, 158

房総半島から関東山地、赤石山脈、紀伊山地、四国山地、九州山地を経て沖縄本島までの長さ1800km にわたって帯状に分布する地体構造区分の１つである。東京帝国大学の大塚専一により「秩父古生層」と命名されるが、1970年代に堆積年代が古生代石炭紀から中生代ジュラ紀にわたることが判明し、以来、「秩父帯」「秩父中・古生層」などと呼ばれるようになった。

秩父トーナル岩【ちちぶとーなるがん】
11, 86, 87, 98

マグマが地下深部で固まった深成岩の一種。石英と斜長石、有色鉱物からなる。秩父市中津川地域に見られる。

秩父町層【ちちぶまちそう】 139, 141

チャート
10, 16-18, 20, 21, 32, 35, 53, 57, 77-79, 83, 88, 91, 93, 110, 111, 116-118, 125, 150, 151, 155

放散虫というプランクトンの殻に含まれる二酸化ケイ素を主成分としてできた石。

長石【ちょうせき】 87, 108, 109, 133, 143

さまざまな岩石に含まれている最も主要な造岩鉱物で地殻表層部では約60%を占める。アルミニウムとケイ素と酸素などの元素から構成されている。

泥岩【でいがん】
11, 18, 20, 21, 35, 57, 85, 93, 95, 115-118, 139, 145, 147, 149, 154

泥（構成物質の粒の大きさが1/16mm以下）が固結した堆積岩。固結度が高く、平行に割れやすいものは頁岩（けつがん）という。

泥質片岩【でいしつへんがん】 103, 124

泥岩やそれに類する堆積岩を源岩とする結晶片岩。含まれている有機物が変成した石墨（グラファイト）を特徴的に含むため、見た目は光沢のある黒色をしている。

な

奈倉層【なぐらそう】 139, 141

粘板岩【ねんばんがん】 79

スレートともいう。泥質の堆積岩が変形運動で弱変成作用を受け、薄板状に割れやすくなったもの。石材（屋根瓦や記念碑）に利用される。

は

背斜構造【はいしゃこうぞう】 147

海底で平らに堆積した地層が水平方向に圧縮を受け、山の形に折れ曲がった構造。下部の古い地層が中心に見られる。

破砕帯【はさいたい】 19, 52, 53, 77, 130, 131

断層の動きにより岩石が細かく砕かれて帯状に連続して分布しているところ。断層破砕帯とも呼ばれる。

破風山【はっぷさん】 42, 124, 125

パレオパラドキシア
11, 12, 22, 23, 26, 27, 29, 30, 45, 126, 139, 145, 157, 161

羊山丘陵【ひつじやまきゅうりょう】
38, 59-63, 123, 158

日野断層【ひのだんそう】 76, 77

V字谷【ぶいじこく・たに】 45, 87, 90, 91, 93-95

付加体【ふかたい】
6, 10, 17-19, 64, 65, 79, 118, 151

海溝に海洋プレートが沈み込むときに、海洋底の堆積物が剥ぎとられて大陸側に押し付けられた地質体。地球規模の物質循環および大陸地殻の形成に重要な役割を果たしている。

武甲山【ぶこうざん】
7, 16, 17, 21, 32, 34, 39, 50, 61, 63-65, 70-73, 95, 99, 125, 132, 148, 155, 156

フズリナ 10, 16, 148, 149

古生代石炭紀～ペルム紀に全盛期を迎えた有孔虫（世界中の海に生息する単細胞の原生動物）。紡錘虫ともいう。石灰質の殻を持つ。地層の堆積した時代の推定に役立つ「示準化石」とされる。武甲山や二子山などの石灰岩中から化石が産出される。

不整合【ふせいごう】
22, 26, 32, 54, 55, 114, 115, 117, 134, 135, 144, 145

地層にある２つの層の間に大きな時間的不連続が認められる箇所をいう。秩父地域では、皆野町の前原の不整合、小鹿野町の犬木の不整合などが有名。

二子山【ふたごやま】
16, 99, 123, 148, 149, 156, 157

プレートテクトニクス 21, 149

地震・火山活動などの地球表層のさまざまな地質現象を、地球の全表面を覆う十数枚の厚さ数10kmほどの岩盤（プレート）間の相互作用により説明する学説で、「プレート理論」ともいわれる。1960年代後半から提唱された地球科学の学説の1つ。

変成岩【へんせいがん】6, 7, 10, 18, 19, 100, 102, 123

堆積岩や火成岩が、それができたときとは異なった温度、圧力その他の条件のもとで、大部分が固体の状態で鉱物組成や組織が変化した岩石。

片理【へんり】18, 19, 107, 119

地下深くの圧力と熱で押しつぶされ、薄くパイ生地のようになった結晶片岩の層。長瀞岩畳で観察できる。

方解石【ほうかいせき】20, 102, 103, 109

石灰岩や大理石や鍾乳石を構成している鉱物。一定の形に割れやすい性質を持ち、つぶれたマッチ箱のような形に割れる。

放散虫【ほうさんちゅう】
10, 17, 21, 93, 118, 149, 151

二酸化ケイ素の骨格を持つ原生生物。硬質の殻は化石で残りやすく、約5億年前の化石も産出している。時代によって形態が異なるため、示準化石として知られる。チャートは、放散虫の殻のケイ酸が長い時間をかけて海底に堆積してできた岩石。両神山はチャートの巨大な岩体でできている。

ポットホール 32, 56, 57, 107, 110, 111

川底の窪みに小石が入り込み、水流によって削られて円形の穴となったもの。甌穴（おうけつ）とも呼ばれる。陸上で観察できるポットホールは、かつてその場所が川底であった証拠である。長瀞の岩畳や皆野の紅簾石片岩のポットホールが有名。

宝登山【ほどさん】36, 99, 107, 124, 159

ま

御荷鉾緑色岩類【みかぶりょくしょくがんるい】
36, 70, 71, 124

三波川帯の南部に帯状に分布する玄武岩質溶岩、玄武岩質凝灰角礫岩、凝灰岩、はんれい岩などの火成岩類。群馬県神流町、藤岡市に位置する御荷鉾山に由来。

妙法ヶ岳【みょうほうがたけ】35, 88

メランジュ 116-118

海洋プレートが海溝に潜り込むとき、岩塊がバラバラになって泥や砂と混ざってできた岩石（混在岩）。秩父華厳の滝や札所34番の近くで観察できる。

ら

両神山【りょうかみさん】
17, 71, 95, 99, 123, 125, 150, 151, 155, 156, 158

緑色岩【りょくしょくがん】10, 16, 17, 36, 50, 65

玄武岩が弱い変成作用を受けた岩石。含まれる鉄の影響で、緑色や赤紫色をしている。武甲山南側斜面は緑色岩からなる。

緑色片岩【りょくしょくへんがん】
20, 103, 109, 119

三波川帯に最も多く分布する結晶片岩の1つ。海底火山の石（塩基性岩）が原石で、変成作用によって「緑泥石」という緑色の鉱物が形成するため「緑色片岩」または「緑泥石片岩」、「緑簾石」と呼ばれる。

礫岩【れきがん】
10, 11, 27, 32, 54, 55, 66, 67, 93, 95, 115, 145-147

直径が2mm以上の粒子（礫）が堆積して形成した岩石。

ローム層【ろーむそう】11, 61, 63, 123

ローム層とは本来、砂・シルト・粘土が混じった土壌のことで、関東ローム層という場合には、特に関東地方の段丘を覆うチバニアン以降（77万年前以降）の火山灰起源の地層の総称として使用される。尾田蒔丘陵で見られる赤土は、八ヶ岳や北アルプスから飛来した火山灰が厚く堆積したもの。

主な参考文献（順不同）

『埼玉の自然誌 ～埼玉の自然を知る・学ぶ～』（埼玉県立自然の博物館、2019）
『知って！埼玉 ～化石でたどる2000万年～』（埼玉県立自然の博物館、2019）
『古秩父湾 －秩父の大地に眠る太古の海の物語－』（埼玉県立自然の博物館、2016）
『秩父鉱山 ～140種の鉱物のきらめき～』（埼玉県立自然の博物館、2017）
『埼玉・大地のふしぎ―オールカラーガイドブック』埼玉県立自然史博物館編（埼玉新聞社、2004）
『未来に残したい大地の神秘：埼玉の地質・鉱物・古生物』（埼玉県立自然史博物館、2001）
『やさしいみんなの秩父学』埼玉県立自然の博物館監修、秩父市・秩父商工会議所編（さきたま出版会、2007）
『やさしいみんなの秩父学[自然編]』埼玉県立自然の博物館監修、秩父市・秩父商工会議所編（さきたま出版会、2009）
『秩父の伝説 語り継ぐふるさとへの想い』秩父の伝説編集委員会編（幹書房、2007）
『秩父夜祭』薗田 稔監修（さきたま出版会、2005）
『秩父大祭 歴史と信仰と』千嶋 壽（埼玉新聞社、1981）
『埼玉県史 民俗調査報告書（山地地帯民俗調査）』（埼玉県県民部県史編さん室、1980）
『埼玉県の地質鉱物 天然記念物緊急調査（地質鉱物）報告書』（埼玉県教育委員会、2001）
『オールカラー 荒川の石 川原の石のしらべ方』「荒川の石」編集委員会編（地学団体研究会、2016）
『日曜の地学１ 埼玉の自然をたずねて【改訂版】』堀口萬吉監修（築地書館、2012）
「秩父地方の巨木・名木」（NPO法人 秩父の環境を考える会、2011）
「関東山地、山中地溝帯三山層中の花崗岩礫のK-Ar年代」（高木秀雄ほか、1995）
「秩父札所の地学めぐり」（小幡喜一、2006）
「秩父市黒谷の和銅露天掘り跡」（小幡喜一、2013）
「いきいき埼玉講演会資料『秩父の大地とジオパーク 太古の秩父の生い立ちを探る』」（本間岳史、2014）
「川原の石の実物図鑑づくりとその活用 －荒川の小石から探る埼玉３億年のおいたち－」（本間岳史、2017）
「地質調査報告（２）石間地域」（秩父市文化財保存活用地域計画作成協議会委員 本間岳史、2019）
日本ジオパークネットワーク ウェブサイト（https://geopark.jp/）

秩父まるごとジオパーク推進協議会

秩父市	一般社団法人 横瀬町観光協会	公益社団法人 秩父青年会議所
横瀬町	皆野町観光協会	秩父商工会議所
皆野町	一般社団法人 長瀞町観光協会	西秩父商工会
長瀞町	小鹿野町観光協会	荒川商工会
小鹿野町	NPO法人 秩父まるごと博物館	皆野町商工会
埼玉県立自然の博物館	NPO法人 ちちぶまちづくり工房	長瀞町商工会
埼玉県秩父地域振興センター	NPO法人 秩父の環境を考える会	西武鉄道株式会社
一般社団法人 秩父観光協会	NPO法人 もりと水の源流文化塾	秩父鉄道株式会社

〒368-0032 埼玉県秩父市熊木町9-5 秩父ビジネスプラザ
電話 0494-26-5511　FAX.0494-26-7331
Mail geo@chichibu-omotenashi.com　HP　https://www.chichibu-geo.com/

編纂委員

秩父まるごとジオパーク推進協議会 企画運営部会

協力（順不同・敬称略）

特定非営利活動法人日本ジオパークネットワーク　アイサーフ株式会社　スタジオ小凪
秩父神社　三峯神社　宝登山神社　秩父札所連合会　お菓子な郷推進協議会
早稲田大学　ジオパーク秩父の活動を支えていただいている皆様

ジオパーク秩父　公式ガイドブック
秩父(ちちぶ)に息(いき)づく大地(だいち)の記憶(きおく)

2021年6月30日　初版発行

編　者　秩父まるごとジオパーク推進協議会
発行者　岩渕　均
発行所　株式会社さきたま出版会
〒336-0022 さいたま市南区白幡3-6-10
電話 048-711-8041
印刷・製本　関東図書株式会社

ISBN978-4-87891-476-8 C0044